Inhalt

In der Schule

Kinderland Ostseewelle

Klassenfahrten ins Kinderland Ostseewelle sind für Schulklassen ein Erlebnis. Die Kinder verbringen in der Nähe des Meeres auf einem großen Freigelände eine unbeschwerte Zeit inmitten wunderschöner Natur. Zusätzlich gibt es täglich Veranstaltungen, die den Klassen angeboten werden.

Veranstaltung	Mo.	Di.	Mi.	Do.	Fr.	Sa.	So.	Uhrzeit	Dauer	Altersempfehlung
Gelände-Rallye zum Kennenlernen des Kinderlands	X	X						10.15	2 h	Kl. 2–6
Deichkronen-Tour mit dem Fahrrad	X				X			13.00	3 h	Kl. 4–6
Besuch in der Meeresstation		X						9.00	2 h	Kl. 4–6
Ausflug ins Buddelschiff-Museum*		X				X		14.00	2 h	Kl. 2–6
Robbensafari mit MS Robbi*			X			X		14.00	2 h	Kl. 2–6
Nachtwanderung zum Leuchtturm					X			21.00	2 h	Kl. 4–6
Bastelwerkstatt mit Fundstücken vom Strand			X					9.30	2 h	Kl. 2–3
Sandskulpturen bauen mit der Künstlerin Sara Meyrich*				X				13.00	3 h	Kl. 4–6
Drachenbau-Werkstatt					X			14.00	2 h	Kl. 2–6
Piraten-Kochkurs				X				10.00	3 h	Kl. 2–4
Klaus-Störtebeker-Geschichten, erzählt von Kapitän Larsson*					X			19.00	1 h	Kl. 3–6
Filmerlebnis: „Die kleine Meerjungfrau"							X	15.00	1 h	Kl. 2–6

Die meisten Veranstaltungen sind kostenlos. Veranstaltungen mit * kosten pro Kind drei Euro.

1 An welchem Tag bietet das „Kinderland Ostseewelle" nur eine Veranstaltung an?

_____

2 Welche Veranstaltung würdest du am Donnerstag einer dritten Klasse empfehlen?

Name der Veranstaltung: _____ Dauer: _____

3 Wie viele Veranstaltungen kann eine zweite Klasse am Freitag besuchen?

_____

4 Für welche Veranstaltung am Freitag müssen die Schulklassen Geld bezahlen?

Name der Veranstaltung: _____

5 Alle Kinder einer vierten Klasse aus Leipzig haben gerade die Fahrradprüfung bestanden. Welche Veranstaltung würdest du dieser Klasse besonders empfehlen?

Name der Veranstaltung: _____

6 x🖊 Eine vierte Klasse aus Erfurt war auch im „Kinderland Ostseewelle".
Begeistert erzählen die Kinder zu Hause von ihren Erlebnissen.
Ein bisschen übertreiben sie dabei.
Überprüfe ihre Aussagen und kreuze an.

		stimmt	stimmt nicht
a)	Bei unserer Nachtwanderung zum Leuchtturm sind wir erst um 23 Uhr losgegangen.		
b)	Wir sind drei Stunden auf dem Deich geradelt.		
c)	Ein echter alter Kapitän hat mit uns eine tolle Sandskulptur gebaut.		
d)	Den Piraten-Kochkurs durften nur Viertklässler machen.		
e)	Zum Besuch der Meeresstation mussten wir bald nach dem Frühstück losmarschieren.		
f)	Für die Robbensafari mit dem Motorschiff „Robbi" musste jeder von uns drei Euro bezahlen.		

7 Welche Veranstaltung würdest du gerne besuchen? Wähle aus und begründe.

Ich würde am liebsten _____

besuchen, weil _____.

Kirby – irgendwo im Nirgendwo

Kirbys Schulweg dauert ganze 10 Sekunden, 15, wenn sie bummelt: Von ihrem Zimmer aus
sind es fünf Schritte über den Flur entlang, dann muss sie durch die zweite Tür links ins
Arbeitszimmer gehen. Kirby Phillips, neun Jahre alt, sitzt dort Morgen für Morgen. Hier
findet für sie der Unterricht statt. Zwar ist sie allein in dem Raum, aber allein lernen muss
5 sie deswegen nicht. Ein paar Klicks, dann sind auch ihr Lehrer und ihre vier Mitschüler da
– auf dem Computerbildschirm! Übers Internet können sich die Kinder gegenseitig
Nachrichten schicken, über eine spezielle Telefonleitung sprechen sie miteinander. Aber
zusammensitzen? Das geht nicht so einfach! Die Kinder wohnen in den australischen
„Outbacks" und damit Autostunden voneinander entfernt. Selbst wenn sie sich in der Mitte
10 treffen wollten: Dieser Schulweg wäre für alle viel zu lang.
Zu lang, zu groß, zu kurz: Nichts ist normal im Outback, das übersetzt so viel wie
„Hinterland" heißt und das komplette Landesinnere Australiens umfasst. Es ist eine Land-
schaft, die an einen anderen Planeten erinnert: rötliche, von der Sonne hart gebackene
Erde, nur dürres Gestrüpp, wenige Häuser. Gerade 170 000 Menschen leben auf einer
15 Fläche, die mehr als 16-mal so groß wie Deutschland ist. Und irgendwo in diesem
Nirgendwo steht die Farm von Kirbys Familie.

Katharina Beckmann

1   Lies den Text und ergänze den Steckbrief.

2   Suche dir ein Partnerkind.
       Gib mit Hilfe des Steckbriefs wieder, was du über Kirbys Leben erfahren hast.

Kirbys Spezial-Steckbrief

Alter: _____

Heimatland: _____

Besonderheiten der Region: _____

Dauer des Schulwegs: _____

Lernort: _____

Wichtigstes Gerät zum Lernen: _____

Größe der Schulklasse: _____

Kontaktmöglichkeiten der Schüler
untereinander: _____

Pünktchen auf dem Weg zu Herrn Bremser

Freitags kam Pünktchen eine Stunde früher als sonst aus der Schule. Direktor Pogge wusste das und schickte den Schofför mit dem Auto hin, dass er das Mädchen mit dem Wagen heimführe. Um diese Zeit brauchte er das Auto noch nicht, und Pünktchen fuhr so gern im Auto.

Der Schofför legte die Hand an die Mütze, als sie aus dem Portal der Schule trat, und öffnete den Schlag*. Sie lief auf ihn zu und gab ihm begeistert die Hand. „Tag, Herr Hollack", sagte sie. Die anderen kleinen Mädchen freuten sich schon. Denn wenn Pünktchen Pogge mit dem Wagen abgeholt wurde, durften stets so viele mitfahren, wie hineingingen.

Heute aber drehte sich Pünktchen auf dem Trittbrett herum, blickte alle betrübt an und sagte: „Kinders, nehmt mir's nicht übel, ich fahre allein. Ich habe was Wichtiges vor." Dann setzte sie sich ganz allein in das große Auto, nannte dem Schofför eine Adresse, er stieg auch ein, fort ging's, und zwanzig kleine Mädchen blickten traurig hinter dem schönen Auto her.

Nach ein paar Minuten hielt das Auto vor einem großen Gebäude, und das war schon wieder eine Schule!
„Lieber Herr Hollack", sagte Pünktchen, „einen kleinen Moment, wenn ich bitten dürfte." Herr Hollack nickte und Pünktchen lief rasch die Stufen hinan. Es war noch Pause.

Sie kletterte in die erste Etage und fragte einen Jungen, wo das Lehrerzimmer sei. Er führte sie hin. Sie klopfte. Weil niemand öffnete, klopfte sie noch einmal, und zwar ziemlich heftig. Da ging die Tür auf. Ein großer, junger Herr stand vor ihr und kaute eine Stulle. „Schmeckt's?", fragte Pünktchen. Er lachte. „Und was willst du noch wissen?"
„Ich beabsichtige Herrn Bremser zu sprechen", erklärte sie.
„Mein Name ist Pogge."

Erich Kästner   * Autotür

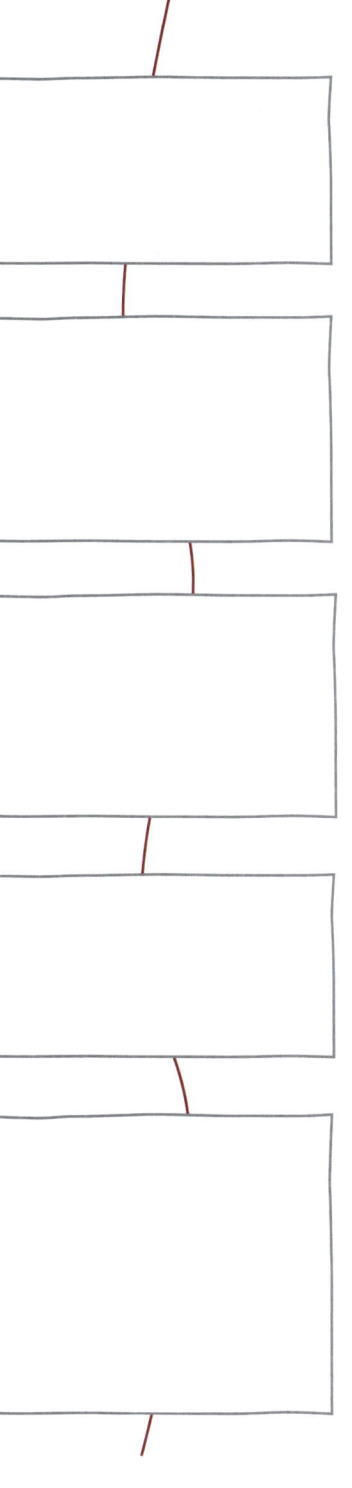

1 Markiere in jedem Abschnitt drei bis fünf wichtige Wörter oder Wortgruppen.

2 Schreibe diese Wörter auf die Kärtchen neben jedem Textabschnitt.

3 Suche dir ein Partnerkind. Gib den Inhalt des Textes mithilfe deines „roten Fadens" wieder.

Im Herbst

Das Lindenblatt und die Laus

1 Der Herbst war nun endgültig da. Am deutlichsten konnte man es an den Bäumen sehen. Viele Blätter verloren sie mit jedem Tag, und die, die sie noch hatten, verfärbten sich gelb, braun und manchmal auch rot.
Am Anfang der Triftgasse stand eine Linde. Sie hatte nicht mehr viele Blätter; denn sie bereitete sich auf den Winter vor, wurde mit jedem Tag schläfriger, und die Säfte in ihren Ästen und Zweigen stiegen immer langsamer und träger und wurden immer weniger.
Zu wenig, um die Blätter bei Kraft halten zu können. Die Blätter spürten es zuerst in ihren Stängeln, und zwar dort, wo der Stängel mit dem Zweig verwachsen war. Es war eigentlich kein unangenehmes Gefühl. Es kitzelte ein wenig – wie eine Wunde, die langsam heilt, und es war für die Blätter auch mit einem aufregenden Gefühl verbunden. Sie ahnten, dass sie sich bald vom Baum lösen würden und durch die Luft segeln würden, und so etwas erlebt schließlich ein Blatt nur einmal im Leben.

2 Am letzten Zweig des rechten Hauptastes der Linde hing ein gelbes Blatt. Seit Wochen hatte es unzählige Blätter beobachtet, wie sie zur Erde gesegelt waren. An diesem Tag ging ein besonders heftiger Wind, und das Lindenblatt fühlte, dass es nun bald auch bei ihm soweit sein würde. So sehr war das Blatt mit sich selbst beschäftigt, dass es nicht einmal merkte, wie eine kleine, grüne Blattlaus auf seinen Bauch kletterte und sich dort festhielt. Auch die Blattlaus ahnte, dass es nun bald zu Ende sein würde, und wollte sich nur noch einen bequemen Platz suchen.

3 Und dann war es soweit! Ein Windstoß fuhr in die Krone der Linde und wirbelte viele Blätter davon. Darunter auch das Blatt mit der Laus. Es war ein tolles Gefühl für das Blatt, so durch die Luft zu sausen. Hoch hinauf trug es der Wind. So hoch, dass der Blattlaus schwindlig wurde und sie die Augen schließen musste. Dann ließ der Windstoß plötzlich los, und das Lindenblatt schwebte schaukelnd wieder zur Erde zurück. Immer näher kamen die Häuser und Bäume und mit Spannung erwartete das Blatt den Ort, wo es die Erde berühren würde. Als es jedoch dicht über dem Boden war, erfasste es ein neuer Windstoß und trug es wieder hoch in die Luft. Am Rande eines Rauchfangs* blieb das Blatt dann liegen.

* Schornstein

4 Für einige Sekunden herrschte Windstille, alles war ruhig. Als die Laus die Augen aufmachte und in den schwarzen Schlund des Rauchfanges blickte, packte sie Angst. Sie wagte es nicht, sich zu bewegen, denn das Blatt konnte jeden Augenblick in den Rauchfang hineingleiten. Auch dem Lindenblatt wurde bange, als es merkte, in welcher Gefahr es schwebte. Schreckliche Sekunden waren das! Aber als das Blatt gerade über die Kante rutschen wollte, packte es ein Windstoß und riss es davon. Die Blattlaus musste ihre ganzen Kräfte aufbieten, um sich am Blatt festzuhalten. Als das Lindenblatt erneut zur Erde segelte, wollte es der Zufall, dass es durch ein offenes Fenster in mein Zimmer schwebte. Seither verwende ich dieses Lindenblatt als Lesezeichen. Und die Laus? Die Laus bezog auf meinem Gummibaum Quartier und lebte noch sehr lange; denn in meinem Zimmer ist es immer schön warm, und den Gummibaum gieße ich regelmäßig.

Erwin Moser

1 Lies die Geschichte.

2 Wähle mindestens zwei aufeinanderfolgende Textabschnitte aus, die du vorlesen möchtest.

3 🖊 Bereite diese Abschnitte zum Vorlesen vor. Nutze die Prüfliste.

Ich habe …	✓
… Textstellen unterstrichen, die ich besonders sprechen möchte.	
… kürzere Pausen mit | , längere Pausen mit || gekennzeichnet.	
… Punkte an Stellen gesetzt, wo ich meine Zuhörer anschauen möchte.	

4 Übe deinen Textvortrag:
Nutze dazu Lesebuchseite 26, Schritt 2.

5 🌐 Lies nun deinen geübten Text einem Partnerkind vor.
Schätze anschließend selbst deinen Textvortrag ein.
Bitte auch dein Partnerkind um eine Einschätzung.

	Selbsteinschätzung	Partnereinschätzung
flüssiger und sicherer Vortrag	☆ ☆ ☆ ☆ ☆	☆ ☆ ☆ ☆ ☆
treffende Betonung	☆ ☆ ☆ ☆ ☆	☆ ☆ ☆ ☆ ☆
passende Pausen	☆ ☆ ☆ ☆ ☆	☆ ☆ ☆ ☆ ☆
Blickkontakt	☆ ☆ ☆ ☆ ☆	☆ ☆ ☆ ☆ ☆

Meine Wünsche und Träume

Über Träumer und Träume nachdenken ...

1 Träumer sind Spinner.

2 Träume können die Welt verändern.

3 Träume können wahr werden, wenn die Menschen sich dafür einsetzen.

4 Träumen bringt nichts und verschwendet nur Zeit.

1 Zu welcher Aussage möchtest du deine eigene Meinung aufschreiben?
Färbe die Sprechblase.

2 Lies im Lesebuch auf Seite 39 noch einmal den Text „Der Träumer".

3 Formuliere deine Meinung zu der Aussage.
Kreuze entsprechend an, **ergänze** und **streiche** im Lückentext.

    ☐ Ich stimme der Meinung 1 2 3 4 zu.

    ☐ Ich stimme der Meinung 1 2 3 4 nicht zu.

Ich denke so, weil ich im Text „Der Träumer" gelesen habe,

dass _____

_____

_____ .

Ich finde deshalb diese Meinung ☐ **zutreffend**   ☐ **nicht zutreffend**,

weil ich selbst schon einmal _____

_____

_____ .

○ eigene Gedanken zu Texten entwickeln, zu Texten Stellung nehmen
und mit anderen über Texte sprechen   **LF** S.39

Zweimal fünf Fragen an ...

**John (10 Jahre)
aus Xanti in Griechenland**

Was machst du am liebsten?
☐ Computerspiele spielen, am liebsten Fußballspiele.
Wovon hast du zuletzt geträumt?
☐ Dass ich ins Dorf gehe und mit meinen Freunden Radrennen fahre.
Was würdest du gerne an der Welt ändern?
☐ Die Arbeitszeiten meiner Eltern. Sie sollten früher nach Hause kommen, damit wir mehr zusammen sind.
Wenn du ein Tier sein könntest, welches wäre das?
☐ Ein Pferd, ich mag, wie sie galoppieren.
Was würdest du gern im Handumdrehen lernen?
☐ Richtig gut Basketball und Fußball spielen.

**Angelica (12 Jahre)
aus Sydney in Australien**

Was machst du am liebsten?
☐ Schwimmen gehen, essen, tanzen.
Was würdest du gerne an der Welt ändern?
☐ Das Wochenende braucht dringend mehr Tage!
Wenn du ein Tier sein könntest, welches wäre das?
☐ Ein Elefant, weil Elefanten schwimmen können, im Dschungel leben und weil sie groß und dick sind und ewig essen können, ohne voll zu werden.
Wenn du genug Geld hättest, was würdest du dir als Erstes kaufen?
☐ Eine Insel.
Was würdest du gern im Handumdrehen lernen?
☐ Hmmm ... alles!

Beatrix Schnippenkoetter

1 Welchen Fragebogen findest du besonders interessant?
Male den Rahmen farbig aus.

2 Warum findest du diesen Fragebogen interessant? Begründe.

Ich finde den Fragebogen interessant, weil _____

_____

_____ .

3 x Welche Antwort beeindruckt dich besonders?
Kreuze an.

4 Warum beeindruckt dich diese Antwort? Begründe.

_____

_____

_____

Böse Wünsche

*Der Zauberer Irrwitzer und die Hexe Tyrannja wollen mit ihrem Wunschpunsch die Erde und
die Menschen darauf vernichten. Dazu müssen sie viele Wunschgedichte vortragen. Aber die
Sprüche bewirken nur das Böse, wenn sie genau das Gegenteil wünschen.
Deshalb sagen Zauberer und Hexe nur gute Wünsche. Aber die beiden wollen natürlich,
dass die böse Umkehrung eintrifft …*

„Punsch aller Pünsche, erfüll meine Wünsche:
Zehntausend sterbende Bäume im Wald
soll'n wieder treiben
und die noch gesund sind, jung oder alt,
sollen's auch bleiben."

Der Zauberer Irrwitzer reimt:

„Punsch aller Pünsche, erfüll meine Wünsche:
Wer mit Robbenfellen und Elfenbein
und dem Fleisch von den letzten Walen
Geschäfte macht, geht jämmerlich ein,
denn niemand mehr soll dafür zahlen."

„Punsch aller Pünsche, erfüll meine Wünsche:
Keine einzige Tierart, ob nützlich, ob nicht,
soll mehr ausgerottet werden.
Sie soll'n leben, wie's ihrer Natur entspricht,
im Meer, in der Luft und auf Erden."

Michael Ende

Dann reimt Hexe Tyrannja:

 **1** Zu welchem Wunschspruch möchtest du dich mit einem Partnerkind
austauschen? Rahme ihn farbig ein.

2 Warum hast du gerade diesen Wunsch ausgewählt? Schreibe auf.

_____

_____

3  Stellt einander eure Notizen vor.

Das Hemd des Glücklichen

Ein König war krank und ließ im Land verkünden, er wolle die Hälfte seines Reiches dem geben, der ihm Heilung bringe. Da versammelten sich die weisen Männer und beratschlagten, wie der König zu heilen wäre. Doch keiner wusste Rat. Nur einer meinte, wenn man einen Menschen fände, der vollkommen glücklich wäre, und dessen Hemd auszöge und es den König anziehen ließe, so würde der König genesen.

1   Wie findest du diesen Vorschlag?

Sogleich wurden Boten entsandt, einen solchen Glücklichen zu suchen. Aber sie konnten keinen Menschen finden, der mit seinem Schicksal zufrieden wäre. War einer reich, so litt er an Krankheit und Schmerzen, war ein anderer gesund, so drückten ihn Armut und Not. Kurz, jeder klagte über sein Los und schalt es ungerecht.

2   Was findest du im Leben ungerecht?

Eines Abends aber ging der Sohn des Königs an einer Hütte vorbei und hörte drinnen einen Menschen zu sich selbst sprechen: „Nun hab ich meine Arbeit getan, hab mich sattgegessen und satt- getrunken und gehe schlafen – was fehlt mir noch? Ich bin der glücklichste Mensch!" Wie der Prinz diese Worte vernahm, war er voller Freude. Die Diener des Königs kamen und wollten dem Mann das Hemd ausziehen; allein – der Glückliche war so arm, dass er nicht einmal ein Hemd am Leib hatte.

Leo N. Tolstoi

3   Was meinst du zum Schluss der Geschichte?

Miteinander leben

Ein gefährlicher Spielplatz für die Vorstadtkrokodile

Das alte Ziegeleigelände*, auf dem sie standen und das seit Jahren verlassen lag und ihnen manchmal als Spielplatz diente – Tafeln warnten zwar vor dem Betreten des Geländes –, war etwa zwei Kilometer von der Papageiensiedlung entfernt, in der sie alle wohnten. Das Ziegeleigelände bot einen trostlosen Anblick, die Fensterscheiben im alten Bürogebäude waren längst zerbrochen, die Mauern waren morsch, die Dächer löcherig, und wenn ein Sturm tobte oder ein schweres Gewitter, dann fielen Dachpfannen** auf die Erde.

 Es war nicht ungefährlich, in der Ziegelei zu spielen. Schon vor Jahren hätten die Gebäude abgerissen werden sollen, es hieß, auf dem Gelände werde ein Supermarkt errichtet, aber bislang war noch nichts passiert. Dass die Krokodiler da spielten, lag einfach daran, dass sie nirgendwo einen geeigneten Spielplatz fanden. In den Vor- und Hintergärten ihrer Siedlung war es verboten, und auf der Straße zu spielen war noch gefährlicher. Und wenn sie doch einmal in den Gärten spielten, dann hieß es nur: Ihr macht ja den Rasen kaputt … jetzt ist schon wieder alles schmutzig. Auf das Ziegeleigelände gingen sie immer dann, wenn ein Junge in ihre Bande aufgenommen werden wollte und die Mutprobe ablegen musste. Wer die Mutprobe nicht bestand, der wurde nicht aufgenommen.

Max von der Grün

*Fabrikgelände
 (oft mit Backsteingebäuden)
**Dachziegel

1 Lies den Text. Markiere alle Stellen, in denen der gefährliche Spielplatz beschrieben wird.

2 Zeichne den gefährlichen Spielplatz.
Berücksichtige alle Informationen, die du markiert hast.

Der alte Löwe

Ein alter Löwe lag todkrank vor seiner Höhle.
Die Tiere, denen er bisher Angst eingejagt hatte,
freuten sich darüber. Sie ließen nun
ihren Hass an ihm aus.

„Ich fühle mich

Der Fuchs kränkte ihn mit Worten.

Der Wolf beschimpfte ihn derb.

Der Ochse stieß ihn mit den Hörnern.

Das Wildschwein kratzte ihn mit den Hauern.

Der Esel gab ihm mutig einen Fußtritt.

Nur das Pferd stand still dabei, obgleich
der Löwe seine Mutter gefressen hatte.

Ivan Krylow

„Willst du ihm nicht
auch etwas antun?"

fragte der Esel.

sagte das Pferd.

„Nein, ich möchte mich an
keinem rächen, der wehrlos ist."

---

1 🖊 Was könnte der todkranke Löwe sagen? Was könnten die Tiere sprechen,
während sie den Löwen quälen? Schreibe in die Sprechblasen.

2 Wie sprechen die verschiedenen Tiere? Übe, jede Äußerung passend
(laut oder leise, wütend oder höhnisch …) vorzutragen.

3 Trage den von dir ergänzten Text einem Partnerkind vor.

Susis geheimes Tagebuch / Pauls geheimes Tagebuch

Früher waren Susi und Paul dicke Freunde. Doch dann zog Paul mit seinen Eltern aufs Land.
An einem Morgen steht Paul jedoch plötzlich vor Susis Tür. Er ist mit seiner Mutter nach
Wien zurückgekehrt.

Text 1 Susis geheimes Tagebuch
3. September

(…) Heute früh hat die Sonne nicht geschienen. Aber richtig geregnet hat es auch nicht. Nur das Straßenpflaster war ein bisschen nass. Ich wollte das Seidenkleid anziehen, die Mama wollte, dass ich den Schottenrock anziehe. Wir haben herumgestritten, und gerade als die Mama gesagt hat: „Aber mach, was du willst, du sturer Bock!", da hat es an der Wohnungstür geklingelt. Ich habe mir gedacht: Das ist sicher der Ali.
Der Ali steht nämlich immer sehr zeitig auf, weil seine Mama und sein Papa schon um sechs Uhr zur Arbeit gehen. Oft kommt er zu mir und spielt noch ein bisschen in meinem Zimmer, während ich Frühstück esse und das Schulzeug einräume. Meine Autorennbahn und meine elektrische Eisenbahn hat er besonders gern.
Es war aber gar nicht der Ali, der an der Tür geklingelt hat. Es war der Paul. Wie ein Autobus habe ich geschaut, als ich ihn vor der Tür gesehen habe.
„Na, Susi", hat die Mama gerufen, „ist das nicht eine schöne Überraschung?"
Die Mama hat ja keine Ahnung. Sie glaubt, dass ich mich unheimlich freue, weil der Paul wieder da ist. Und der Paul glaubt das auch. Aber ich mag den Paul nicht mehr. Er ist eingebildet und blöd!
„Tschüss, Alte!", hat er zu mir gesagt und hat mir auf die Schulter geklatscht und ist in mein Zimmer gegangen, als ob er da wohnen würde.

Text 2 Pauls geheimes Tagebuch
3. September

Die Mama hat mir neue Schulsachen gekauft. Eine Schultasche, ein Federetui, eine Füllfeder, Buntstifte und Ölkreiden, Filzstifte und eine neue Mappe. Weil ich meine Schultasche daheim vergessen habe.
Eigentlich habe ich sie gar nicht vergessen. Ich habe sie absichtlich daheim gelassen. Ich habe gehofft, dass sich die Mama die Scheidung übers Wochenende noch überlegt und wieder heimfährt mit mir.
In der Schule war noch gar nichts los. Die Kinder sind ziemlich langweilig. Ich sitze natürlich wieder neben der Susi. Beim ersten Pult* in der Mittelreihe.
Die Überraschung heute am Morgen ist mir total gelungen. Als die Susi die Tür aufgemacht hat, hat sie vor Staunen kein Wort herausgebracht. Der Michi und die Gabi und die anderen Kinder haben sich auch gefreut. Nur mit diesem komischen Ali habe ich gleich Streit gehabt. Saudumm hat er mich angequatscht. Wieso ich wieder da bin, hat er wissen wollen. Was geht denn ihn das an? Gar nichts geht es ihn an. Und die anderen Kinder auch nicht. (Nicht einmal der Susi werde ich es erzählen.) Niemand braucht zu wissen, dass sich meine Eltern scheiden lassen.

Christine Nöstlinger

* Tisch

1 Was erfährst du in beiden Texten über Susi und Paul?
Ergänze die Mini-Steckbriefe.

Mini-Steckbrief:
Susi

• lebt in Wien
• war früher dick
  mit Paul befreundet
•

Mini-Steckbrief:
Paul

• zieht zurück nach Wien
•
•

2 Suche in den Tagebucheinträgen nach einem Gegenstand, den man in eine
Leserolle legen könnte. Notiere den Gegenstand.

_____

3 Bewerte den Text.

Es macht Spaß, den Text zu lesen.	☆ ☆ ☆ ☆ ☆
Der Text ist für Kinder meines Alters geeignet.	☆ ☆ ☆ ☆ ☆
Der Text ist interessant.	☆ ☆ ☆ ☆ ☆
Man kann den Textinhalt gut verstehen.	☆ ☆ ☆ ☆ ☆
Der Text hat mich zum Nachdenken angeregt.	☆ ☆ ☆ ☆ ☆

4 Informiere dich z.B. im Internet über die Autorin Christine Nöstlinger.
Ergänze die Angaben über die Autorin.

Christine Nöstlinger wurde im Jahr _____ in Österreich geboren. Sie lebt

in der Stadt _____. Für ihre Bücher bekam Christine Nöstlinger

zahlreiche Preise, zum Beispiel den Deutschen _____ .

5 Notiere zwei weitere Buchtitel, die Christine Nöstlinger geschrieben hat.

_____

_____

Im Winter

Ein Gedicht auswendig lernen

Advent

Es treibt der Wind im Winterwalde
die Flockenherde wie ein Hirt,
und manche Tanne ahnt, wie balde
sie fromm und lichterheilig wird;
und lauscht hinaus. Den weißen Wegen
streckt sie die Zweige hin – bereit,
und wehrt dem Wind und wächst entgegen
der einen Nacht der Herrlichkeit.

Rainer Maria Rilke

2 **Advent**

Es _____ der Wind im _____

die Flockenherde wie _____ Hirt,

und manche _____ ahnt, wie balde

_____ fromm und lichterheilig _____;

und lauscht hinaus. _____ weißen Wegen

streckt _____ die Zweige hin – _____,

und wehrt dem _____ und wächst entgegen

_____ einen Nacht der _____.

Rainer Maria Rilke

1 **Advent**

_____ treibt der Wind _____ Winterwalde

die Flockenherde _____ ein Hirt,

und _____ Tanne ahnt, wie _____

sie fromm und _____ wird;

und lauscht _____. Den weißen Wegen

_____ sie die Zweige _____ – bereit,

und wehrt _____ Wind und wächst _____

der einen Nacht _____ Herrlichkeit.

Rainer Maria Rilke

3 **Advent**

Es treibt _____ Wind im Winterwalde

_____ Flockenherde wie ein _____,

und manche Tanne _____, wie balde

sie _____ und lichterheilig wird;

_____ lauscht hinaus. Den _____ Wegen

streckt sie _____ Zweige hin – bereit,

_____ wehrt dem Wind _____ wächst entgegen

der _____ Nacht der Herrlichkeit.

Rainer Maria Rilke

4 **Advent**

Es treibt der _____ im Winterwalde

die _____ wie ein Hirt,

_____ manche Tanne ahnt, _____ balde

sie fromm _____ lichterheilig wird;

und _____ hinaus. Den weißen _____

streckt sie die _____ hin – bereit,

und _____ dem Wind und _____ entgegen

der einen _____ der Herrlichkeit.

Rainer Maria Rilke

Wenn du nicht weiter-
weißt, lies noch einmal
im Gedicht nach.

1   Lies das vollständige Gedicht halblaut für dich. Decke dann den Text ab.

2   Lies jetzt den ersten Lückentext. Ergänze jeweils das fehlende Wort.
Arbeite so weiter mit allen Lückentexten.

3   Probiere aus, ob du das Gedicht jetzt auswendig sprechen kannst.
Suche dir ein Partnerkind.

Alle Jahre Widder

Fast alle Zugtiere machten Riesenfortschritte, nur mit den
Kängurus und dem Kaninchen klappte es einfach nicht.
Der Känguru-Schlitten schlingerte, hopste und bockte dermaßen,
dass er am Himmel stets aussah wie ein auf und nieder
springender Flummi. Die Kutscher verließen ihn jedes Mal blass
im Gesicht und meldeten sich krank.

Es gelang Siggi schließlich, die Beuteltiere zur australischen Boden-
Auslieferung zu versetzen, und die Kängurus leisteten fortan viele
Jahre hervorragende Arbeit.
Tja, und Widur, das außergewöhnliche kleine Kaninchen? Herrje.
Es konnte in kein Gespann integriert werden. Es war einfach zu
schwach. Aber es ließ sich nicht beirren.

„Wenn die anderen meinen, sie kommen besser ohne mich klar: in   *empört / leise*
Ordnung", erklärte es Siggi. „Dann zieh ich mein Ding eben allein
durch."

Um Widur Erfolgserlebnisse zu verschaffen, besorgte Siggi einen
Kinderschlitten und stellte ein einziges, leeres Päckchen darauf,
damit er nicht völlig unbeladen aussah. Aber Widur bekam selbst
den nicht von der Stelle.

„Die Kufen blockieren", schnaufte er wütend. „Materialfehler!"   *verwundert / wütend*

„Die Kufen sind schon in Ordnung", sagte Siggi vorsichtig zum   *leise / ungeduldig*
ungezählten Mal. „Vielleicht fehlen dir doch ein paar Muckis.
Wie wäre es, wenn du erst mal noch für ein paar Jahre Möhren
knabberst?"

„Schaff mir einen anderen Wagen heran", befahl Widur.   *zornig / freundlich*
„Und zwar in einwandfreiem Zustand, wenn ich bitten darf."

„Du bist ein sturer kleiner Bock", brummte Siggi.   *empört / vorwurfsvoll*

Schließlich trieb er einen winzigen Puppenschlitten auf. Bei sämtlichen Flugversuchen stürzte Widur auch damit ab, doch unten am Boden gelang es ihm, das Gefährt Stück für Stück von der Stelle zu zerren.

„He, Siggi!", keuchte er. „Siggi, schau her! Superwidder im Einsatz!"   *lustig / bestimmend*

Siggi seufzte.
„In ein paar Monaten brauchen wir jede Menge Osterhasen",   *beruhigend / bittend*
sagte er. „Wär das nichts für dich? Ich denke, ein Wachtelei
könntest du schon tragen."

„Ich bin kein Osterhase", erklärte Widur. „Ich bin ein Widder.   *beleidigt / empört*
Und dabei bleibt's."

Martin Klein

1   Lies die Geschichte. Welche Personen sprechen in diesem Text?
Notiere die Namen der Figuren.

_____

2   Was sprechen die Personen? Markiere mit unterschiedlichen Farben.

3   Wie sprechen die Personen? Lies die Hinweise in der Randspalte.
Streiche, was nicht zutrifft.

4   Übe, den Text mit der wörtlichen Rede vorzutragen.

5   Lies den geübten Text einem Partnerkind vor.
Schätze deinen Vortrag ein.
Bitte auch dein Partnerkind um eine Einschätzung.

Im Textvortrag mit der Stimme	Selbsteinschätzung	Partnereinschätzung
hörbar machen, dass verschiedene Figuren sprechen	☆ ☆ ☆ ☆ ☆	☆ ☆ ☆ ☆ ☆
die Art und Weise, wie die Figuren sprechen, hörbar machen.	☆ ☆ ☆ ☆ ☆	☆ ☆ ☆ ☆ ☆

Von Tieren und Menschen

Der Fischer und der Wal

1 Einmal paddelte ein Fischer betrübt heim. Er hatte kein Glück gehabt und nur zwei Dorsche gefangen. Wie er sich mit seinem Boot dem Land näherte, da sah er an einer Stelle einen großen Steinblock liegen.

2 Der Fischer zog seinen Kajak an Land und ging hin, um sich den Stein aus der Nähe zu betrachten. Und da stellte es sich heraus, dass es gar kein Stein war, sondern ein Wal, der auf dem Strand lag und schlief. Sicher war er aus der Tiefe ins seichte Wasser geschwommen, um sich auszuruhen, und während der Wal schlief, hatte ihn die Ebbe überrascht, und so war der Wal auf dem Trockenen gelandet. Der Fischer konnte es kaum fassen. Denn einen Wal zu fangen, konnte man wirklich ein Glück nennen. Schnell lief er zum Boot zurück, um seine Harpune zu holen.

3 Als er zurückkam und den Wal mit der Harpune erlegen wollte, da wurde dieser munter. „Tötet mich nicht, guter Mann", bat er. „Es soll gewiss dein Schaden nicht sein." Der Fischer erschrak. Ein Wal, der sprechen konnte, das war ganz bestimmt kein gewöhnlicher Wal. Und so ließ er die Harpune sinken. „Du wirst es nicht bereuen", versicherte der Wal. Der Fischer überlegte, ob es nicht falsch gewesen war, auf den Wal zu hören. Einen solchen Fleischberg ins Meer zurückschwimmen lassen, war das nicht Wahnsinn? Auf alle Fälle beschloss er, zu Hause lieber nichts davon zu erzählen.

4 Inzwischen kam die Flut, und der Wal verschwand im Meer. Von jenem Tag an war etwas anders. Sooft der Fischer aufs Meer fuhr, nie kehrte er mit leeren Händen heim. Mit seinem Boot war nämlich etwas Seltsames vorgegangen – es fuhr seine eigenen Wege stets dorthin, wo auch die Fischschwärme zogen. Oft geschah es, dass der Fischer nach links steuerte, das Boot aber in die entgegengesetzte Richtung steuerte, dorthin, wo die Fische waren.

5 Und so kam der Fischer mit der Zeit zu der Überzeugung, dass das alles nicht mit rechten Dingen zuging. Und es gab dafür nur eine Erklärung: Der Wal hatte sein Versprechen gehalten. Der Fischer behielt sein Geheimnis für sich, und das Jagdglück verließ ihn nie mehr, solange er lebte.

Märchen der Inuit

1 Markiere im Text in jedem Abschnitt den ersten und den letzten Satz.

2 x✏ In welchem Abschnitt steht, dass der Fischer den Wal töten will? Kreuze an.

☐ Abschnitt 2   ☐ Abschnitt 3   ☐ Abschnitt 4

3 Weckt der Text dein Leseinteresse? Begründe.

Der Text weckt mein Interesse, weil _____.

Der Text weckt mein Interesse nicht, weil _____.

Riesen im Ozean

Wale leben im Wasser, haben Flossen und sehen fast wie ein
Fisch aus. Aber Wale sind Säugetiere. Sie gebären ihre Jungen
lebend und säugen sie mit Muttermilch. Wale können unter Wasser
nicht atmen und müssen zum Luftholen regelmäßig auftauchen.
Mit den Fischen sind sie nicht eng verwandt: Sie haben weder
Kiemen, noch legen sie Eier.

Säugetiere

Es gibt etwa 80 verschiedene Arten. Man teilt sie in zwei
Gruppen: Bartenwale und Zahnwale. Wale mit Zähnen gehen
auf Jagd. Sie fressen Fische und größere Meerestiere.

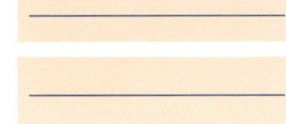

Der gefährlichste Meeresräuber ist der Orca oder Schwertwal.
Er wird bis zu 9 Meter lang und 4 Tonnen schwer. Die
Rückenflosse der Männchen kann bis zu 2 Meter hoch werden.
Schwertwale leben von Fischen, Pinguinen, Robben, Seevögeln
und greifen sogar andere Wale an.
Sie sind die gefährlichsten Raubtiere der Meere und können in
Gruppen sogar Finnwale erlegen.

1 ✗🖊 Prüfe, für welche Aufgaben der Text nützlich ist. Kreuze an.

☐ Ich möchte einen Steckbrief über Wale erstellen.

☐ Ich finde im Text Angaben zum Aussehen und zur Nahrung.

☐ Ich möchte die Wanderroute des Schwertwales in eine Karte eintragen.

☐ Ich finde im Text Angaben zur Wanderung.

2 In welchem Abschnitt findest du Informationen zur Unterscheidung von Walen?
Rahme den Abschnitt ein.

3 Ordne die folgenden Begriffe als Randnotiz an die passende Textstelle.

Nahrung   Atmung   Größe/Gewicht   Walarten

4 🖊 Im Text wird an mehreren Stellen die Gefährlichkeit des Orcas genannt.
Wie viele Textstellen findest du?

Trage die Anzahl ein. ☐

Rettet die Wale

Greenpeace 4 Kids: Nachrichten

| Themen | Aktionen | Kids-Infos | Greenteams... | Fun | Suche [____] [GO >>] |

Nachrichten

20.04.2010 Noch mehr Riesen im Ozeaneum! – Die Greenpeace-Ausstellung im Meeresmuseum in Stralsund wird erweitert. Ab Juni...
>> weiter lesen

8.04.2010 Australisches Korallenriff droht Ölpest – Am Samstag vor Ostern ist ein chinesischer Kohlefrachter auf das größte...
>> weiter lesen

29.03.2010 Was blüht der Arktis? – Am Nordpol herrscht Tauwetter. Während der *Klimawandel* dem *ewigen* Eis...
>> weiter lesen

22.03.2010 Alarmstufe Roter Thunfisch – Ein Fisch, drei Namen, keine Hilfe: Der Rote Thun, auch Blauflossenthunfisch...
>> weiter lesen

11.03.2010 Prozess gegen Walschützer geht weiter – Junichi Sato und Toru Suzuki, die wohl bekanntesten Walschützer Japans, stehen...
>> weiter lesen

7.03.2010 Stein gehabt! Schweden erlaubt Meeresschutzaktion von Greenpeace – Im Sommer vor zwei Jahren hat Greenpeace vor der Nordseeinsel Sylt 320...
>> weiter lesen

2.03.2010 SaLü Lüneburg: Willkommen in der Welt der Wale! – In Lüneburg heißt es zur Zeit: Schwimmzeug packen, Baden gehen und die Welt der...
>> weiter lesen

23.02.2010 Bald Hilfe für den *König der Meere*? – Monaco, ein kleines Fürstentum zwischen Frankreich und Italien, hat beim...
>> weiter lesen

22.02.2010 Hallo Baby! Kegelrobben putzmunter vor Helgoland – Auf dem Titelbild des Greenpeace-Magazins ist diesmal eine süße Robbenschnute...
>> weiter lesen

15.02.2010 Japanische Walschützer stehen vor Gericht – Heute beginnt in Japan der Prozess um die beiden japanischen Greenpeacer Junichi...
>> weiter lesen

Themen
> Atomenergie
> Chemie
> Frieden
> Gentechnik
> Klima & Energie
> Landwirtschaft
˅ Meere & Wale
  ˅ Nachrichten
  > Hintergründe
  [Aktionen]
> Müll
> Tierschutz
> Verkehr
> Wälder
> Wasser
> weitere Themen

Du hast nur eine Erde!
kids for Earth

Film ab! Greenteams in Aktion

1 In welchen Nachrichten findest du Informationen über Wale? Rahme das Kästchen farbig ein.

2 In welchen Nachrichten findest du Informationen über den Schutz von Walen? Färbe das Kästchen.

3 Welche Nachricht möchtest du lesen? Kreuze sie an.

4 Welche Information möchtest du in der Nachricht erhalten? Schreibe eine Frage auf.

Stopp den Walfang

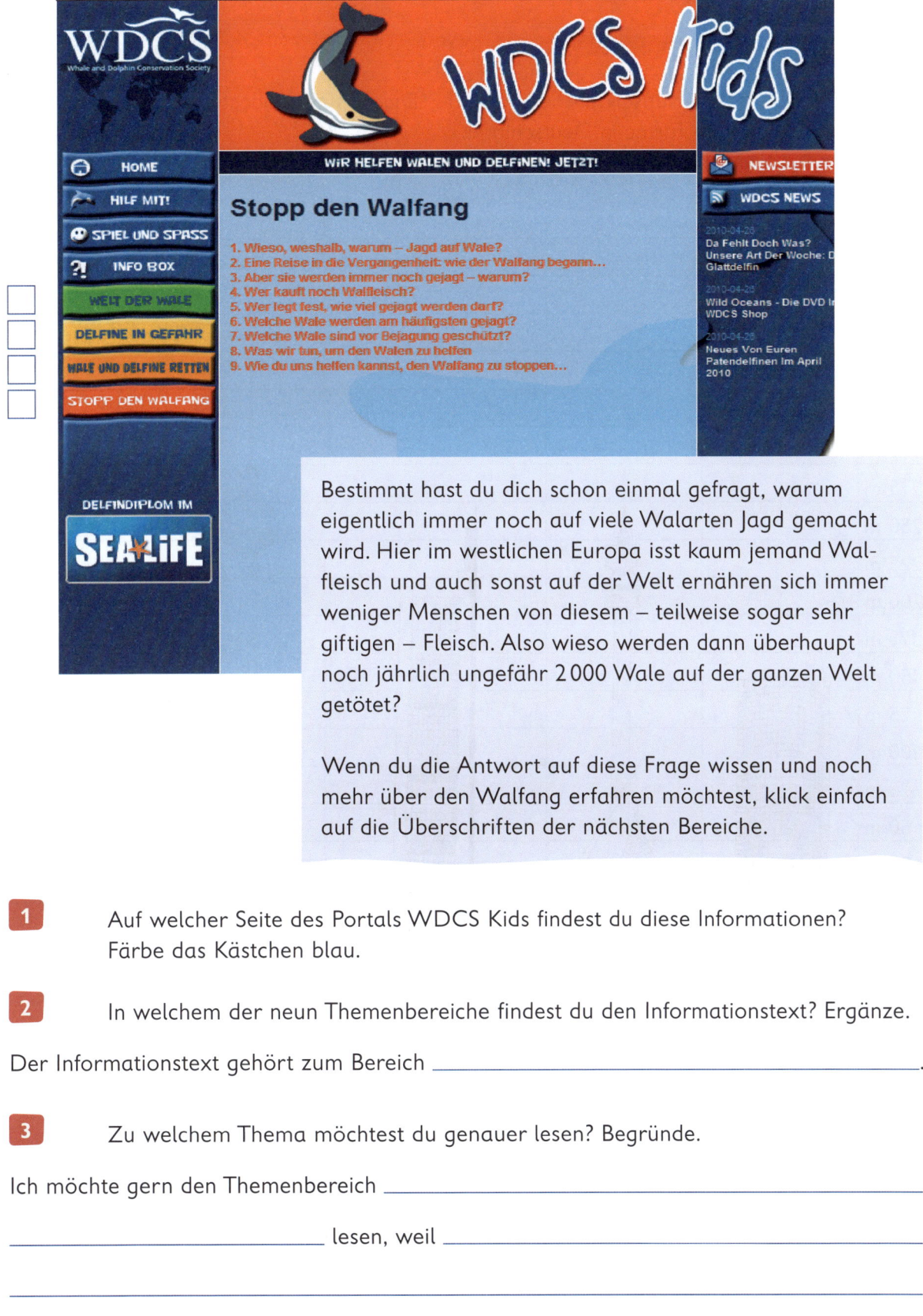

Bestimmt hast du dich schon einmal gefragt, warum eigentlich immer noch auf viele Walarten Jagd gemacht wird. Hier im westlichen Europa isst kaum jemand Walfleisch und auch sonst auf der Welt ernähren sich immer weniger Menschen von diesem – teilweise sogar sehr giftigen – Fleisch. Also wieso werden dann überhaupt noch jährlich ungefähr 2000 Wale auf der ganzen Welt getötet?

Wenn du die Antwort auf diese Frage wissen und noch mehr über den Walfang erfahren möchtest, klick einfach auf die Überschriften der nächsten Bereiche.

1 Auf welcher Seite des Portals WDCS Kids findest du diese Informationen? Färbe das Kästchen blau.

2 In welchem der neun Themenbereiche findest du den Informationstext? Ergänze.

Der Informationstext gehört zum Bereich _____.

3 Zu welchem Thema möchtest du genauer lesen? Begründe.

Ich möchte gern den Themenbereich _____

_____ lesen, weil _____

_____

_____.

Kreuz und quer durch unser Land

Sehenswürdiges

Auf dem Schaubild, einer anschaulichen Form des Diagramms, findest du einige der höchsten Gebäude und Türme in Deutschland.
Die meisten Hochhäuser stehen übrigens in Frankfurt am Main.

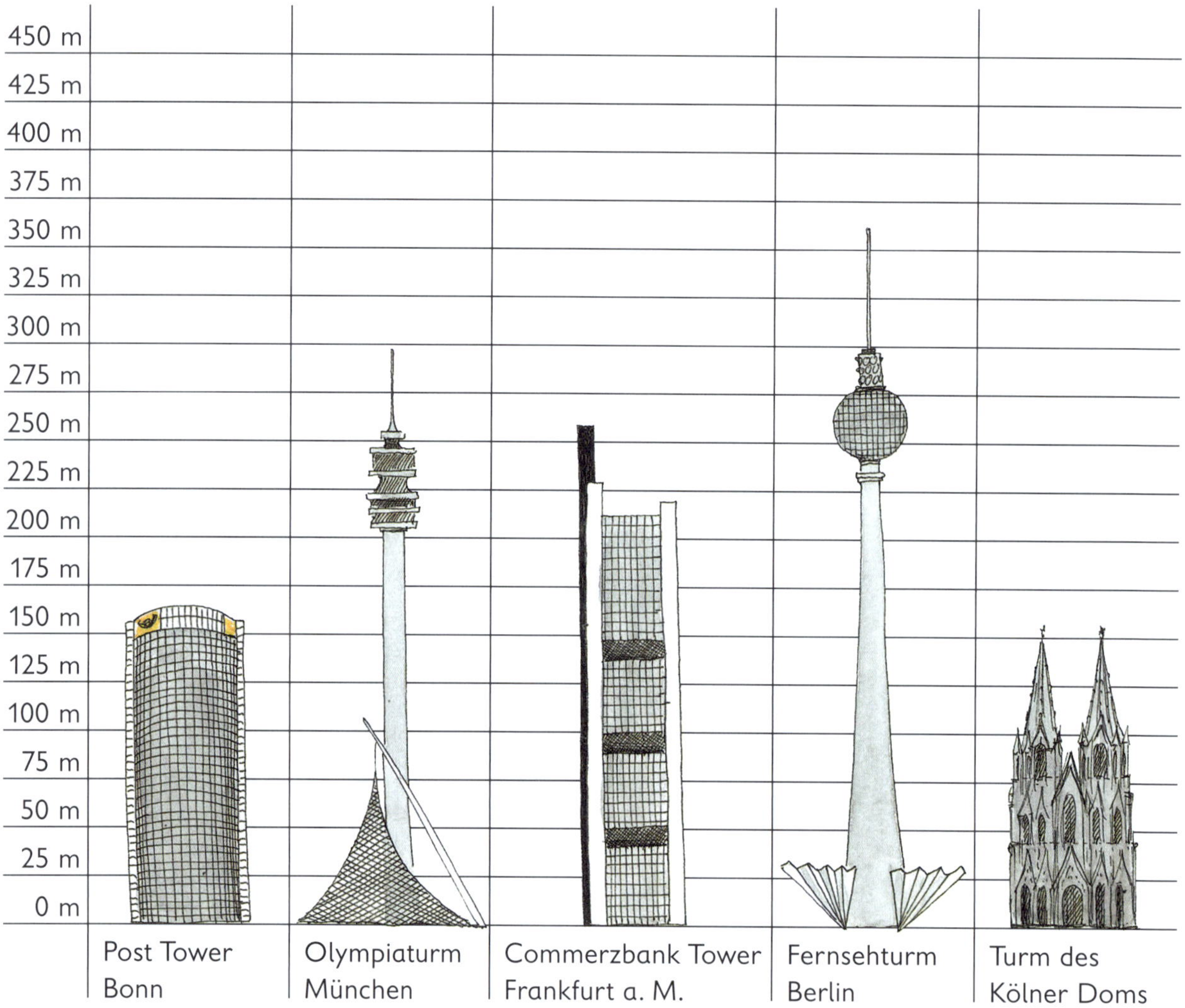

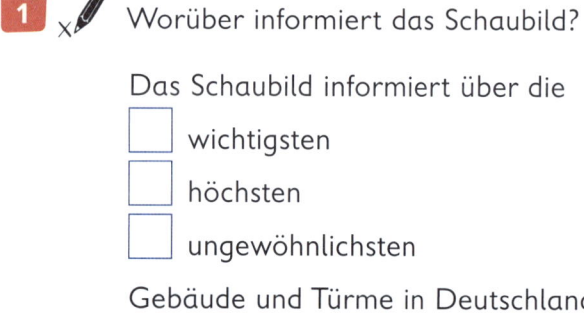

450 m
425 m
400 m
375 m
350 m
325 m
300 m
275 m
250 m
225 m
200 m
175 m
150 m
125 m
100 m
75 m
50 m
25 m
0 m
Post Tower Bonn
Olympiaturm München
Commerzbank Tower Frankfurt a. M.
Fernsehturm Berlin
Turm des Kölner Doms

1 Worüber informiert das Schaubild? Kreuze an.

Das Schaubild informiert über die

- [ ] wichtigsten
- [ ] höchsten
- [ ] ungewöhnlichsten

Gebäude und Türme in Deutschland.

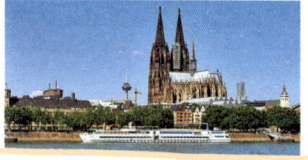

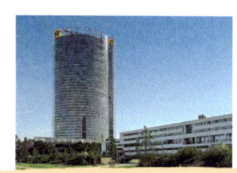

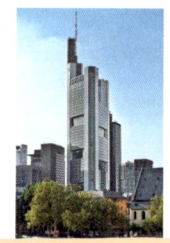

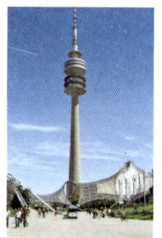

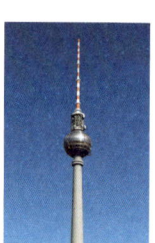

2 ✗🖊 Welche Angaben findest du über die Gebäude und Türme?
Kreuze an.

☐ Höhe in Kilometer

☐ Breite in Meter

☐ Höhe in Meter

☐ Länge in Zentimeter

3 Prüfe die Aussagen. Kreuze an.

Aussagen	ja	nein
Der Turm des Kölner Doms ist das niedrigste Gebäude in Deutschland.		
Der Commerzbank Tower ist größer als der Post Tower.		
Der Olympiaturm ist in Bonn.		

4 Ergänze den Lückentext.

Das höchste Gebäude steht in _____.

Das niedrigste Gebäude steht in _____.

5 🖊 Lies den Text. Streiche die falschen Aussagen.

Mit dem Schaubild werden **einige der höchsten / alle höchsten** Gebäude
und Türme in Deutschland dargestellt.
Das Schaubild ist ähnlich wie ein
Säulendiagramm/Balkendiagramm aufgebaut.
Dabei kann man erkennen,
in welcher Stadt / in welchem Bundesland
der Turm oder das Gebäude steht.
Die meisten Hochhäuser stehen in
Berlin / Frankfurt am Main.

◯ verschiedene Sorten von Sach- und Gebrauchstexten kennen

LF S.100/101

Der Untergang von Vineta

Vineta war einst die größte Stadt an der Küste, ja in ganz Europa. Sie erblühte noch schöner und größer als Konstantinopel. Ihre Kaufleute trieben mit allen Völkern Handel, und ihre Schiffe brachten aus allen Enden der
5 Welt die kostbarsten Waren.

Die Tore der Stadt waren aus Erz, ihre Glocken aus purem Silber, die Häuser aus schimmerndem Marmor. Der Reichtum aber hatte die Bürger hochmütig, hartherzig und verschwenderisch gemacht. Sie tranken den Wein nur noch aus goldenen Bechern, ließen ihre Pferde mit Gold und Silber beschlagen, und selbst den Schweinen schütteten sie das Futter
10 in goldene Tröge. Löcher in den Hauswänden verstopften die Hochmütigen mit Brot. So lebten sie in Saus und Braus und schlugen die Warnungen bedächtiger Leute in den Wind.

Da brach in einer stürmischen Novembernacht das Verderben über die Stadt herein. Ein Unwetter tobte, die Wellen brandeten gegen die Mauer und begruben schließlich alles unter sich. So versank Vineta in der Flut. Wer über die Tiefe fährt, kann das Sturmleuten
15 der Glocken noch hören.

Sage aus Mecklenburg-Vorpommern

So is Vineta unnergahn ...

Vör lange, lange Tied wier Vineta de gröttste Stadt an de Ostsee, ja grötter noch as jede annere Stadt in Europa, grötter un schöner sogor als Konstantinopel. De Kooplüd' von Vineta dreben Hannel mit alle Länner un Völker. Ehr
5 Schäpen bröchten ut alle Ecken un Enden von de ganze Welt de düersten und prächtigsten Saken nach Vineta.

De Stadtdure wieren ut Isen, de Kirchenglocken ut rein Sülver, de Hüser ut blanken Marmor. De rieken Börger von Vineta wieren grotschnutig worden; sei keenten kenn Mitleid un veraasten ehr Geld un Gaud. Sei drünken den Wien blots noch ut gollen Bekers.
10 Ehr Pierd leten sei mit Gold un Sülwer beslagen, un sülwst dat Fauder för de Swien schütt'en sei in Tröch ut Gold. Löcken in de Wänn' stoppten disse hochnäsigen Lüd' mit Brot tau. So läwten sei herrlich un in Freuden. Un wenn verstännige und kloke Minschen sei vermahnten un wohrschugten, denn kihrten sei sick gor nich doran, nee, sei dreben dat noch düller.

15 Aewer de Sak nähm een slimmet Enn'. In een gräsige Novembernacht brook enn fürchterlicher Storm los. Hushooge Wellen towten gegen de Stadtmuern, reten sei dal un owerswemmten de ganze Stadt. So is Vineta in de Fluten unnergahn. Wer in uns Tied ower de Stell, wo de Stadt versunken is, de kann ok hüt noch de Glocken von Vineta hüren, de up den Meeresgrund Storm lüden.

Sage aus Mecklenburg-Vorpommern auf Platt

Die Sage über Vineta findest du in zwei Fassungen.

1 Suche und unterstreiche in beiden Texten mehrere Textstellen, die die Stadt Vineta beschreiben.

2 Untersuche die Texte genauer. Was ist gleich? Was ist unterschiedlich? Notiere in der Tabelle.

	Der Untergang von Vineta	So is Vineta unnergahn …
Gemeinsamkeiten		
Unterschiede		

3 Die Bürger sind hochmütig geworden. Finde die Textstelle in beiden Texten und gib die Zeilennummer an.

Text 1   Zeile: _____

Text 2   Zeile: _____

4 Finde in jedem Abschnitt drei Wörter, die in beiden Texten gleich sind. Unterstreiche sie.

5 Ergänze die Tabelle.

Plattdeutsch	Deutsch
gröttste	
	waren
Pierd	
	Glocken

Seltsames und Interessantes

Wie Till Eulenspiegel einem Esel das Lesen beibrachte

Ein paar ganz Schlaue verlangten eines Tages von Till Eulenspiegel, dass er einem Esel das Lesen beibringen solle. Natürlich nahm Till Eulenspiegel die Herausforderung an, sagte aber, dass er wohl rund 20 Jahre dafür brauchen würde. Das sahen die Leute, die ihm den Auftrag erteilt hatten, wohl ebenso. Und schnell war man sich einig darüber, was Till als Lohn bekommen solle. 500 Taler sogleich, 500 Taler, sobald der Esel lesen könne.

Von nun an übte Till jeden Tag mit dem Tier. Er legte dazu ein großes altes Buch in die Futterkrippe, zwischen dessen Seiten er jedes Mal etwas Hafer legte. Das hatte der Esel bald spitz und so lernte er tatsächlich, mit seinem Maul Blatt für Blatt umzublättern, so dass es für Außenstehende aussah, als würde er lesen.

Nach einer Woche Übung ließ Till Eulenspiegel seine Herausforderer im Stall antanzen. „Seht", sagte er zu ihnen, „was der Esel nur in sieben Tagen gelernt hat." Er legte das alte Buch in die Krippe, allerdings hatte er dieses Mal keinen Hafer zwischen den Seiten versteckt und zudem dem Esel einen ganzen Tag lang nichts zu fressen gegeben.

_____

Das hungrige Tier stürzte sich auf das Buch, blätterte, so wie es gelernt hatte, die Seiten mit dem Maul um. Zwei, drei, doch als sich auch hinter der vierten Seite noch immer keine Belohnung versteckte, da wurde der Esel ungeduldig und rief so laut er konnte: „I-a. I-a."

_____

Till Eulenspiegel sah die Männer an. „Seht ihn nun, zwei Buchstaben hat er bereits gelernt. Morgen beginne ich mit dem O und dem U." Als die Herausforderer diese Worte hörten, da wussten sie, dass auch sie nicht schlau genug für Till Eulenspiegel gewesen waren. Doch noch ehe sie ihn zur Rede stellen konnten, da war er wieder einmal verschwunden.

1 🖊 Finde für jeden Abschnitt eine passende Überschrift.

2 Rahme den Abschnitt ein, der erklärt, wie Eulenspiegel dem Esel das Lesen beibringt.

3 🖊 Was war Eulenspiegels Trick? Formuliere mit eigenen Worten.

_____

_____

_____

_____

_____

_____

Überraschung für den Wolf

Eines Tages beschloss ein Wolf, der sich gerade den Bauch vollgeschlagen und kein bisschen Hunger mehr hatte, einen Spaziergang zu machen.

Wolf:	Nach dem Essen soll man ruhn oder tausend Schritte tun. Außerdem höre ich dann auch mal wieder, was so alles über mich gesagt wird.

Im Wald begegnete er einem hübschen kleinen Hasen.

Wolf:	Grüß dich, Schönöhrchen! Sag mal: Wer ist der Stärkste im ganzen Land?
Hase:	Der Stärkste im Land? Das sind Sie, Meister Wolf. Das kann niemand bezweifeln und keiner bestreiten, und ganz sicher ist es auch.
Wolf (stolz):	Mmh, wie gut fühl ich mich doch in meinem Fell.

Kurz darauf begegnete er Rotkäppchen.

Wolf:	Weißt du eigentlich, wie gut dir diese Farbe steht? Du bist ja zum Fressen hübsch. Sag mal, meine Kleine, wer ist der Stärkste im ganzen Land?
Rotkäppchen:	Großer Wolf, das sind Sie! Sie sind das! Da gibt's kein Vertun. Sie sind der Stärkste – im ganzen Land.
Wolf:	Ach, es ist doch genau so, wie ich mir das gedacht habe: Ich bin der Stärkste im ganzen Land! Das hör ich einfach zu gerne – und am liebsten so oft wie möglich! Nichts tut mir so gut! Wunderbar!

Da kamen drei kleine Schweinchen auf ihn zu.

Wolf:	Was seh ich da! Drei kleine Schweinchen so weit weg von ihrem Zuhause. Das ist aber unvorsichtig! Sagt mir, ihr kleinen Würstchen, wer ist der Stärkste im ganzen Land?
Schweine:	Der Stärkste, der Kräftigste und der Schönste, das sind natürlich Sie, Großer Böser Wolf!
Wolf:	Alle sind einer Meinung: Ich bin der König. Ich bin der Wildeste und der Fürchterlichste! Ich bin Der Große Böse Wolf und alle zittern und beben vor mir, alle schlottern vor Angst!

Ein wenig später begegnete er den sieben Zwergen.

Wolf:	Hallo, ihr kleinen Bergarbeiter. Ihr wisst doch bestimmt, wer der Stärkste im ganzen Land ist?
Zwerge:	Der Stärkste im Land? Na klar, wissen wir das! Das sind natürlich Sie, Herr Wolf.
Wolf:	Höhöhö! Es ist sonnenklar und niemand kann es bestreiten: Ich bin der Schrecken des Waldes. Der Allerböseste!

Da begegnete er einem komischen kleinen Kröterich.

Wolf: Hallo, du Quabbelwabbel. Bestimmt weißt du auch, wer der Stärkste im ganzen Land ist?

Kröterich: Aber natürlich weiß ich das. Das ist meine Mama!

Wolf (schreit): Waaas!!! Du armer Wasserspeier! Du misslungene Artischocke! Du Speckkopf! Du willst wohl Ärger! Hab ich dich falsch verstanden? Also nochmal in Ruhe: Wer ist der Stärkste im ganzen Land?

Kröterich: Aber das habe ich doch schon gesagt! Das ist meine Mama.
Die ist die Stärkste! Und die Liebste – außer zu denen,
die böse zu mir sind!
Und du? Wer bist du?

*Die Drachenmutter erscheint
hinter ihrem Kind.*

Wolf: Ich, öhm, ich … ich bin der liebe
kleine Wolf.

*Und mit diesen Worten machte er
sich so schnell wie möglich aus
dem Staub.*

nach Mario Ramos

1  Was ist das für ein Text? Kreuze an.

☐ Erzählung   ☐ Gedicht   ☐ Szene

2 Nenne zwei Merkmale dieser Textart. Begründe mit Hilfe von Textstellen.
Nutze das Glossar.

_____

_____

3 Markiere die Rollen der Figuren mit unterschiedlichen Farben.

4 Unterstreiche die Regieanweisungen.

5 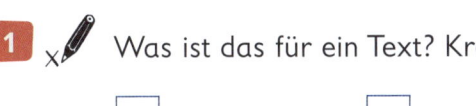 Suche dir Partnerkinder. Lest die Geschichte mit den unterschiedlichen Rollen.
Ihr könnt sie auch spielen.

Im Frühling

Die beiden Frösche

Zwei Frösche, deren Tümpel die heiße Sommersonne ausgetrocknet hatte, gingen auf die Wanderschaft. Gegen Abend kamen sie in die Kammer eines Bauernhofs und fanden dort eine große Schüssel Milch vor, die zum Abrahmen aufgestellt worden war. Sie hüpften sogleich hinein und ließen es sich schmecken.
Als sie ihren Durst gestillt hatten und wieder ins Freie wollten, konnten sie es nicht: Die glatte Wand der Schüssel war nicht zu bezwingen, und sie rutschten immer wieder in die Milch zurück.

Viele Stunden mühten sie sich nun vergeblich ab, und ihre Schenkel wurden allmählich immer matter. Da quakte der eine Frosch: „Alles Strampeln ist umsonst, das Schicksal ist gegen uns, ich geb's auf!" Er machte keine Bewegung mehr, glitt auf den Boden des Gefäßes und ertrank. Sein Gefährte aber kämpfte verzweifelt weiter bis tief in die Nacht hinein. Da fühlte er den ersten festen Butterbrocken unter seinen Füßen, er stieß sich mit letzter Kraft ab und war im Freien.

Aesop

1 Lies den Text genau. Setze Randnotizen (✓, ?, !) neben den Text. Orientiere dich am Lesetraining (Lesefreunde 4, Seite 126).

2 Notiere Wörter, die du nicht verstanden hast, und ihre Bedeutung.

_____

_____

3 Notiere eine Textstelle, die du besonders wichtig findest.

_____

_____

4 ☻ Vergleiche mit einem Partnerkind.

Rätsel für Frühlingsdetektive:
Was kreucht und fleucht und fliegt und flattert?

1 Finde die sieben Insekten im Buchstabengitter.

B	O	I	L	L	H	E	U	S	C	H	R	E	C	K	E	W	A	S
W	Q	A	R	I	R	E	S	T	X	P	L	X	Y	A	T	S	N	M
I	P	O	A	D	E	I	N	O	H	R	W	U	R	M	S	K	L	B
B	V	L	M	J	B	C	U	V	N	A	U	R	S	Z	T	Y	I	K
K	Ö	L	E	M	N	C	Z	Q	R	T	S	A	E	N	M	C	B	O
B	W	G	I	V	Z	I	T	R	O	N	E	N	F	A	L	T	E	R
N	E	I	S	J	M	N	O	P	U	R	T	W	Q	X	F	F	L	L
K	S	O	E	N	I	O	E	A	R	D	O	N	M	U	R	T	l	V
V	P	A	P	F	E	U	E	R	W	A	N	Z	E	P	D	S	E	K
I	E	L	M	O	I	L	B	T	R	E	W	Q	I	O	P	G	H	I
U	B	V	G	F	D	I	O	R	K	T	W	R	E	J	P	A	S	C

2 Aufgepasst: Hier sind zwei Texte miteinander vermischt worden: ein Text über den Maikäfer und ein Text über die Hummel. Markiere alle Sätze, die zum Maikäfer gehören.

Maikäfer gehören zur Familie der Blatthornkäfer. Hummeln gehören wie z.B. die Wespen zu den Hautflüglern. Ihren Namen haben sie von den vier zarten, durchsichtigen Flügeln. So werden diese Insekten genannt, weil die Enden ihrer Fühler aus kleinen Blättchen bestehen. An den Fühlern kann man auch erkennen, ob es sich um ein Männchen oder ein Weibchen handelt. Der Körper der Hummeln ist stark behaart. Sie erscheinen tatsächlich nur im Monat Mai, wie es ihr Name sagt. Sie sehen aus wie dicke Bienen mit Pelz. Typisch für sie sind ihre braunen Flügel, das schwarze Halsschild sowie das schwarzweiße Zickzackmuster an der Seite. Die meisten Arten haben einen schwarzen Körper mit gelben oder roten Streifen. Wie die anderen Bienen-verwandten haben sie einen Stachel, den sie aber nur sehr selten einsetzen.

3 Lies genau und nummeriere die Zeilen in den Texten in der richtigen Reihenfolge.

[1]	Wenn die Raupen etwa
☐	verwandeln sie sich
☐	vier Wochen lang
☐	gefressen haben und sich
☐	viermal gehäutet haben,
☐	zur „Puppe".

[1]	Falter legen Eier. Sie
☐	geklebt. Aus diesen
☐	schlüpfen nach
☐	werden auf Pflanzen
☐	ungefähr zehn
☐	Tagen Raupen.

[1]	In der starren Hülle der
☐	Puppe vollzieht sich
☐	Wochen die Umwandlung
☐	von der Raupe
☐	etwa innerhalb von zwei
☐	zum Schmetterling.

4 In jedem Satz ist ein Wort zu viel! Streiche das falsche Wort.
Notiere die durchgestrichenen Wörter unten in der richtigen Reihenfolge.
So entsteht ein Lösungssatz.

Auf der in Welt gibt es ungefähr 2 600 verschiedene Froscharten.
Alle haben einen rundlichen, gedrungenen den Körper.
Ihre Hinterbeine sind lang Tropen.
Ihre Vorderbeine gibt sind dagegen kurz.
Unsere einheimischen Frösche sind es meist grün oder bräunlich gefärbt.
Besonders schön ist der nur fünf auch Zentimeter große Laubfrosch.
Die Haut kunterbunte dieses Frosches ist leuchtend grün.
Auf jeder Seite trägt Frösche er einen schwarzen Streifen.

_____ _____ _____ _____ _____ _____ _____ _____ _____.

5  Bringe die folgenden Textabschnitte in die richtige Reihenfolge.

Die Krötenhaut – eine Verteidigungsanlage

[1] Kröten zählen zu den Amphibien wie auch Frösche und Molche. Alle diese Tiere leben immer oder vorübergehend im Wasser und sind auf eine ständig feuchte Haut angewiesen. Im Gegensatz zu uns atmen sie nämlich auch mit ihrer Haut. Unsere einheimische Erdkröte nimmt ein Viertel des gesamten Sauerstoffs, den sie zum Leben benötigt, durch die Haut auf. Diese Hautatmung funktioniert allerdings nur, wenn die Körperoberfläche ständig feucht bleibt.

[ ] In der Natur geschieht das selten, weil die Kröte wegen des unangenehmen Schleimes von vielen Tieren gemieden oder von ihrem Feind sehr schnell wieder ausgespuckt wird.

[ ] Der Schleim enthält Stoffe, von denen es den Bakterien ziemlich übel wird, und sie können sich aus diesem Grund schlecht vermehren. Natürlich wäre so eine fette Kröte auch ein ziemlich guter Leckerbissen für andere Tiere. Wird unsere Erdkröte angegriffen, macht sie sich richtig groß, um den Angreifer zu erschrecken.

[ ] Auf einer feuchten Haut können sich aber besonders gut Bakterien und andere Kleinstlebewesen vermehren. Was gut für die Bakterien ist, ist ziemlich schlecht für die Krötenhaut. Deshalb sitzen in der Krötenhaut viele kleine Drüsen, bei einem Laubfrosch zum Beispiel pro Quadratmillimeter 130 Schleimdrüsen.

[ ] Hat diese Drohhaltung keinen Erfolg, setzt die Erdkröte noch ihre Geheimwaffe ein. In Augennähe sieht man auf jeder Seite des Kopfes zwei dicke Wülste. Darin befinden sich Giftdrüsen, die bei Gefahr ein milchiges Sekret bilden, das so gefährlich ist, dass es das Herz des Angreifers lähmen kann. Um diese starke Wirkung zu entfalten, müsste es aber in die Blutadern des hungrigen Feindes kommen.

Der Zitronenfalter – Falter mit Frostschutz

Völlig mit Eiskristallen bedeckt saß er im Winter auf einem Ast oder Halm im Wald. Er ist bei uns der einzige Schmetterling, der nicht in einem geschützten Versteck überwintert. Wenn im November die Temperaturen sinken, fällt er in Winterstarre – wenn es im Frühling wieder warm wird, erwacht er zu neuem Leben. Kaum scheinen die ersten etwas wärmeren Sonnenstrahlen, schon kann er seine Flügel ausbreiten und losfliegen. Vielen anderen Tieren würde bei Frost die Flüssigkeit im Körper gefrieren – sie würden sterben. Der Zitronenfalter hat einen ganz besonderen Trick: Vor dem Winter gibt er mit Kot und Harn sehr viel Flüssigkeit ab. Damit verdickt er seine Körpersäfte. Außerdem kann er ein Frostschutzmittel herstellen, mit dem er das Wasser in seinem Körper am Einfrieren hindert. Das funktioniert genauso wie das Frostschutzmittel in der Scheibenwischanlage eines Autos.

Die meisten anderen Schmetterlingsarten überwintern im Versteck als Ei, Raupe oder Puppe. Als ausgewachsene Falter würden sie den Winter nicht überstehen – sie beherrschen den Frostschutztrick des Zitronenfalters nicht. Da er schon als fertiges Insekt überwintert, kann er im Frühling als Erster herumflattern. Klasse, was?

1 Lies den Text genau. Setze Randnotizen (✓, ?, !) neben den Text. Orientiere dich am Lesetraining (Lesefreunde 4, Seite 126).

2 Notiere Wörter, die du nicht verstanden hast, und ihre Bedeutung.

_____

_____

3 Notiere eine Textstelle, die du besonders interessant findest.

_____

_____

_____

4 Vergleiche mit einem Partnerkind.

Unsere Welt

Wasser für alle

Wasser ist Leben. Ohne Wasser gäbe es auf
der Erde kein Leben. Wasser ist der kost-
barste Schatz unseres Planeten. Ohne
Wasser können wir Menschen nur wenige
Tage überleben. Wir benutzen ständig
Wasser, ohne darüber nachzudenken. In
manchen Ländern braucht man dafür nur
den Hahn aufzudrehen. Doch das ist nicht
für alle Menschen selbstverständlich.

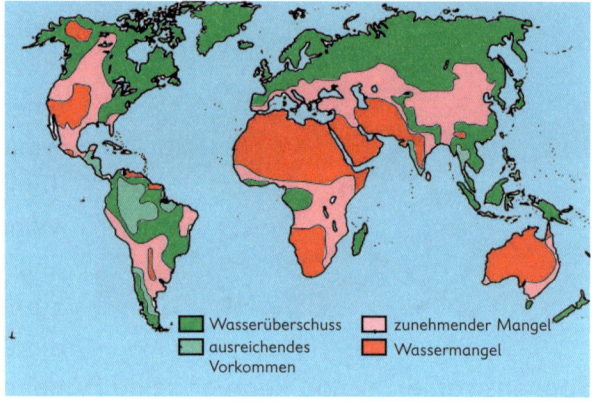

Fast das gesamte Wasser auf der Welt ist salzig. Der größte Teil des Süßwassers ist Grundwasser tief unter der Erde oder in Gletschern, den großen Eismassen im Norden, gebun-
den. Nur ein kleiner Teil davon ist für uns zugänglich – und das könnte für alle reichen.

Doch es gibt einige Probleme:
Zu wenig Regen: Jeden Tag regnet es irgendwo auf der Welt. Das Problem ist nur,
dass es in manchen Gegenden mehr regnet als in anderen.
Schlechtes Wasser: An Wasser, das mit Chemikalien verseucht ist, kann man sterben.
Jedes Jahr sterben eine Million Kinder wegen schmutzigen Wassers an Durchfall.
Zu viel Regen: In einigen Gebieten kann es zu Überschwemmungen kommen. Häuser
werden zerstört und das Trinkwasser wird verschmutzt. Als Folge davon breiten sich
Krankheiten aus.
Wüsten: Ein Großteil der Erde ist von Wüsten bedeckt, die sich immer weiter ausdehnen.
Die Menschen müssen oft lange Wege zurücklegen, um Wasser für sich, ihr Vieh und ihre
Felder zu holen.

1   Erkläre das Wort Grundwasser mithilfe des Textes oder schlage im Lexikon nach.

_____

_____

2   Erkläre, was der unterstrichene Satz bedeutet.

_____

_____

_____

3   Welchen Satz verstehst du nicht? Markiere.
       Sprich mit einem Partnerkind darüber, was er bedeuten könnte.

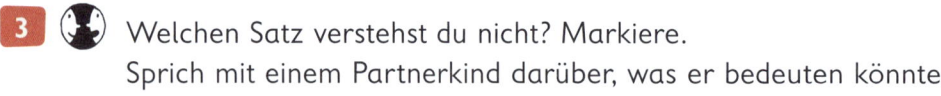

Flieger am Himmel

*In der Geschichte „Flieger am Himmel"
erzählt ein Mädchen aus einer Flüchtlings-
familie über Erlebnisse in seiner Heimat,
in der Krieg herrscht. Bei einem Bomben-
angriff ist seine beste Freundin Sanja getötet
worden. Nun lebt es mit seiner Familie in
Deutschland.*

In dem Land, in dem ich jetzt lebe, haben
wir einen Balkon. Wir wohnen in einem
Haus mit vielen Etagen. Auf dem Balkon,
in zwei Kästen, wachsen gelbe Stief-
mütterchen. Ich habe sie zusammen
mit meiner Mama gepflanzt.
Es ist besser, vom Balkon auf die Gärten
zu sehen, in denen die Bäume auch hier
im Frühling weiß und zartrosa blühen.
Nun hängen sie voller Äpfel und Pflau-
men, und oft kann ich Kinder sehen, die
in einem der Gärten spielen.
Sie haben eine Schaukel und spielen
Verstecken und haben manchmal auch
ihre Puppen dabei. Wenn sie wüssten,
dass ich hier oben wohne und zu ihnen
hinuntersehe. Wenn sie wüssten, dass ich auch einmal einen Garten hatte, und dass ich
weiß, wie man Verstecken spielt und Suppe für Puppen kocht. Ich möchte es ihnen so gerne
erzählen, aber ich bin fremd hier und traue mich nicht.

1  Warum traut sich das Mädchen nicht, die anderen Kinder anzusprechen?
Was könnte es denken?

„Warum weinst du denn?", fragte mein großer Bruder heute Morgen, als er mich wecken kam. „Warum kaufen wir keinen Garten?", fragte ich ihn. „Dann würde ich alle, die nur einen Balkon haben, einladen, bei uns zu spielen." Mein großer Bruder wusste keine Antwort. Später kam er zu mir auf den Balkon.

„Weißt du, wie man Flugzeuge baut?", fragte er. Ich schüttelte den Kopf. „Ich will keine Flugzeuge bauen. Die werfen nur Steine vom Himmel."

„Nicht solche Flugzeuge", sagte mein Bruder. „Wir basteln sie aus Papier." Er hatte weißes Papier mitgebracht, das er nun zusammenfaltete, bis es wirklich ein Flieger war. „Du musst mir helfen, noch mehr zu machen", sagte er und zeigte mir, wie das ging. Es war gar nicht schwer. Bald hatten wir richtig viele.

„Nun schreiben wir eine Nachricht darauf", sagte er und zog einen Buntstift hervor.

Annette Herzog

2 Stell dir vor, du bist der Junge.

Was hat er sich für seine Schwester ausgedacht?
Was ist an diesem Tag passiert?
Wie geht die Geschichte weiter?

Schreibe einen Tagebucheintrag.

> Liebes Tagebuch,
> heute Morgen sah ich meine Schwester weinen.
> Sie ist so traurig, weil
>
>
>
> Da hatte ich eine Idee

◐ bei der Beschäftigung mit literarischen Texten Sensibilität und Verständnis
für Gedanken und Gefühle und zwischenmenschliche Beziehungen zeigen **LF** S.146

Lexikon zur Raumfahrt

Armstrong, Neil: _____

_____

_____

_____

_____

_____

Jähn, Sigmund: dt. Astronaut, *1937 in Morgenröthe-Rautenkranz im Vogtland, er flog im August 1978 mit dem sowjetischen Raumschiff Sojus 31 als erster Deutscher in den Weltraum.

Komet: _____

_____

_____

_____

_____

_____

NASA: *Abk. für National Aeronautics and Space Administration,* die Zentralbehörde für Luft und Raumfahrt der USA, seit 1961 bereitete sie das Apollo-Programm vor, in dessen Rahmen mehrere Mondlandungen stattgefunden haben.

Raumschiff: auch Raumkapsel, für den bemannten Raumflug (Weltraumfahrt) dienendes Raumfahrzeug.

Raumstation: _____

_____

_____

_____

_____

_____

Satellit: *[lat.]* auch Trabant genannt, Himmelskörper, der einen Planeten umläuft, in unserem Sonnensystem zählt man bis heute 50 S., die ersten S. wurden von G. Galilei entdeckt, als künstliche S. bezeichnet man die von der Erde in die Erdumlaufbahn geschossenen Erdsatelliten (Nachrichtensatelliten).

Stern: *[lat. stella]* ist in der Astronomie eine massereiche, selbstleuchtende Gaskugel. In der Alltagssprache hingegen ist damit jeder Himmelskörper gemeint, der dem bloßen Auge punktförmig und leuchtend erscheint.

1 Markiere die wichtigsten Informationen zu den Begriffen.

2 Markiere besondere Abkürzungen im Lexikoneintrag. Was könnten sie bedeuten? Tausche dich mit einem Partnerkind aus.

3 Ergänze die leeren Kästchen. Schlage im Lexikon oder im Internet nach.

Galaxo

Freitag/ Sonnabend
26./ 27. November 2010

Ausgabe 381

Die Kindernachrichten der Mitteldeutschen Zeitung

Seite **1**

… ohne Lehrer? Das … z und gar nicht. Trotz- … gibt es in unserem Land … mer weniger davon. Experten sind sich deswegen sicher: In Deutschland muss sich so schnell wie möglich etwas ändern, damit es bald wieder mehr Lehrer gibt.

…er sind sehr wichtig.   Foto: dapd

Nicht genug Lehrer

In Deutschland gibt es nicht genügend Lehrer. Experten schlagen deswegen Alarm. Sie sagen: In unserem Land werden einfach nicht genügend junge Lehrer ausgebildet. So wird der Lehrermangel immer größer.

Bestimmt seid ihr auch schon einmal auf einen eurer Lehrer richtig sauer gewesen? Oder ihr mögt manche Lehrer einfach mehr als andere? Das geht vielen Schülern so. Trotzdem steht aber auch fest: Ohne Lehrer geht in der Schule gar nichts. Tag für Tag bringen sie Kindern zum Beispiel Mathe, Englisch oder Biologie bei. Gibt es zu wenig Lehrer, wird das immer schwieriger.

Deswegen sind Experten jetzt besorgt. Sie sind sich sicher, dass der Lehrermangel immer größer wird. Das ist nicht gut, weil Kinder deswegen zum Beispiel in größeren Klassen lernen müssen. Sie können so nicht so gut gefördert werden, sagen die Fachleute.

Die Experten fordern daher, dass etwas getan werden muss. Mehr Lehrer müssen eingestellt werden. Und auch an der Ausbildung soll sich etwas ändern, damit sich mehr junge Menschen entscheiden, Lehrer zu werden. Dazu sollen Lehrer später im Beruf zum Beispiel besser bezahlt werden.

Ein anderer Vorschlag der Experten ist, dass die Klassen allgemein kleiner sein müssten. Das macht nicht nur das Unterrichten für den Lehrer angenehmer. So können Schüler auch mehr lernen und der Lehrer kann sich richtig um jeden einzelnen kümmern.

Außerdem sollen mehr Referendariatsstellen vergeben werden. Referendare sind junge Lehrer, die noch in der Ausbildung sind. Trotzdem unterrichten sie aber schon. Die zusätzlichen Referendare sollen viele ältere Lehrer ersetzen. So können diese endlich in den Ruhestand gehen und müssen nicht mehr arbeiten.

Explosionen in Bergwerk

Viele Menschen in Neuseeland sind traurig. Sie hatten gehofft, dass 29 in einem Kohlebergwerk vermisste Arbeiter lebend gerettet werden können. Doch das ist leider nicht so.

Im Westen des Landes gab es vor einer Woche eine Explosion in einem Kohlebergwerk. 29 Bergarbeiter wurden seitdem vermisst. Rettungsleute kamen, um sie zu suchen. Doch das war nicht so einfach. Denn in der Grube war gefährliches Gas. Niemand durfte deswegen in das Bergwerk hinein. Am Mittwoch gab es dann eine zweite Explosion. Nun denken die Menschen in Neuseeland, dass das niemand überlebt haben kann. Für die verschütteten Bergarbeiter gibt es keine Hoffnung mehr.

Neue Art für Bewerbungen

Viele Menschen in Deutschland bekommen keinen Job, obwohl sie gut ausgebildet sind. Sie schicken den Firmen viele Bewerbungen und bekommen trotzdem nur Absagen. Das könnte an ihrer Herkunft, ihrem Namen oder ihrem Aussehen liegen. Manchmal fallen Menschen auch raus, weil sie schon älter sind oder sich zu Hause um ihre Kinder kümmern müssen. Danach wie gut sie etwas können, geht es dagegen nicht. Weil das nicht fair ist, starten mehrere Unternehmen und Behörden nun einen Test. Die Menschen sollen sich bei ihnen bewerben können, ohne zum Beispiel zu sagen, woher sie sind oder wie sie heißen. Ihre Bewerbungen sollen anonym bleiben. Die anonymen Bewerbungen sollen dafür sorgen, dass Firmen wirklich nur danach schauen, wie gut ein Bewerber für einen Job geeignet ist.

Mannomann . . .

… „Shaun das Schaf" hat einen Preis bekommen!

Die Fernsehserie „Shaun das Schaf" hat nun einen wichtigen Preis bekommen. Es ist ein Emmy. Für die Macher aus Deutschland und Großbritannien ist das eine tolle Sache. Die Trophäe geht schon zum zweiten Mal an sie. Der Emmy ist zum 38. Mal in New York in den USA verliehen worden. „Shaun das Schaf" hat es in

150 Länder geschafft. In Millionen Kinderzimmern flimmern seine Geschichten über den Bildschirm. Mit dabei sind immer seine Herdengenossen,

„Shaun das Schaf"   Foto: dpa

Hütehund Bitzer, die fiesen Schweine und der Bauer.

„Shaun das Schaf" wird nicht am Computer entwickelt, sondern Bild für Bild zusammen gepuzzelt. Für den Dreh gibt es eine Landschaft und Figuren. Sie sind nicht aus Knete, wie man meinen könnte, sondern aus dem Material Silikon. Damit „Shaun das Schaf" wie ein Film wirkt, sind 1 500 Bilder pro Minute nötig.

1 ✏ Betrachte die Titelseite. Beschrifte die Pfeile passend mit den Begriffen:

Schlagzeile   Anreißer   Zeitungskopf   Bildaufmacher

2 Markiere die Schlagzeile des Aufmachers.

3 Überfliege die Artikel auf der Titelseite. Wähle einen Artikel aus, der dich besonders interessiert. Begründe deine Auswahl.

Ich möchte den Artikel mit der Schlagzeile _____ lesen,

weil _____ .

4 Lies den Artikel genau.

Das war neu für mich: _____

_____

_____

Das habe ich nicht verstanden: _____

_____

_____

Diese Information finde ich am interessantesten: _____

_____

_____

5 Schreibe einen kurzen Leserbrief zum Artikel.

Liebes Galaxo-Team,

ich möchte euch gerne meine Meinung zum Artikel _____

_____ mitteilen, der in der **Galaxo** am _____ erschienen ist.

Ich finde _____

_____

_____ .

⊙ Angebote in Zeitungen und Zeitschriften, in Hörfunk und Fernsehen, auf
Ton- und Bildträgern sowie im Netz kennen, nutzen und begründet auswählen   **LF** S.155

41

Meine Bibliothek – kurz vorgestellt

1 Informiere dich über die Bibliothek
in deiner Nähe. Trage alle Informationen ein.

Name meiner Bibliothek:

Ort: _____ Straße: _____

Telefon: _____ Webadresse: _____

Namen der Mitarbeiter und Mitarbeiterinnen: _____

Öffnungszeiten:

Montag	Dienstag	Mittwoch	Donnerstag	Freitag	Samstag

Diese Medien gibt es in meiner Bibliothek:

- ☐ Bücher
- ☐ CDs und MCs
- ☐ CD-ROMs
- ☐ Hörbücher
- ☐ Computer-Spiele
- ☐ Comics
- ☐ Videos
- ☐ DVDs
- ☐ Zeitungen
- ☐ Zeitschriften
- ☐ Bücher in anderen Sprachen
- ☐ Computer-Arbeits-plätze mit Internet-Zugang

Ausleihfrist für Bücher: _____

Ausleihfrist für Zeitschriften: _____

Besondere Angebote meiner Bibliothek
(z.B. Autorenlesungen, Lesenächte, Bibliotheks-Rallye ...):

_____

_____

Meine Bibliotheksbewertung

Ich finde meine Bibliothek _____, weil _____.

Fachbegriffe für Bibliotheksexperten

☐ **Katalog**

> 1 Dieses besondere Angebot ermöglicht es, dass man Bücher, die es in der eigenen Bibliothek nicht gibt, von einer anderen bekommen kann. Das kann eine Bibliothek in einer anderen Stadt oder sogar im Ausland sein.

☐ **Lesesaal**

> 2 Dies ist eine Kombination von Zahlen und Buchstaben auf Einband oder Rücken des Buches. Diese Zahlen-Buchstaben-Kombination hilft, das Buch in der Bibliothek am richtigen Standort zu finden oder auch wieder zurückzustellen.

☐ **Fernleihe**

> 3 Hierbei handelt es sich um einen Raum in Bibliotheken, in dem die Besucherinnen und Besucher ungestört lesen und arbeiten können. Oft liegen hier auch aktuelle Zeitungen aus, die nicht ausgeliehen werden können.

☐ **Recherche**

> 4 Hier findet man alle Bücher und Medien aufgeführt, über die eine Bibliothek verfügt. Diese Zusammenstellung konnte man früher in den Bibliotheken in großen Karteikästen finden, heute findet man sie meistens in bereitgestellten Computern.

☐ **Präsenzbibliothek**

> 5 Auch viele Schülerinnen und Schüler nutzen die Bibliothek für diese Tätigkeit. Sie suchen gezielt in Büchern und anderen Medien nach Informationen, die sie z.B. für ein Referat benötigen.

☐ **Signatur**

> 6 So wird eine Sammlung von Büchern bezeichnet, die man nicht ausleihen darf. Diese Bücher sollen in der Bibliothek immer zur Verfügung stehen, also präsent sein.

1 1 🖉 Lies genau. Ordne dann jedem Fachbegriff die passende Beschreibung zu.

Kinderbücher

Für Krimiliebhaber und Gruselfans

Gestatten: Erich Kästner

1 Welche Informationen über Erich Kästner findest du interessant? Kreuze an.

2 Welche Information verstehst du nicht? Markiere sie. Notiere dazu eine Frage.

☐ deutscher Schriftsteller und Drehbuchautor

☐ in Dresden am 23.02.1899 geboren

☐ kam um vier Uhr morgens nach siebenjähriger Ehe seiner Eltern zur Welt

☐ wuchs in der Königsbrücker Straße 66 in Dresden auf

☐ berühmt für seine Kinderbücher, z.B. „Emil und die Detektive" (1929), „Pünktchen und Anton" (1931), „Das fliegende Klassenzimmer" (1933)

☐ lebte ab 1933 in Berlin

☐ Bei der Bücherverbrennung 1933 wurden seine Bücher von den Nazis verbrannt.

☐ 1942 erhielt er von den Nazis ein totales Schreibverbot.

☐ Sohn eines Sattlers und einer Friseuse

☐ mit 14 Jahren Ausbildung zum Lehrer

☐ starb am 29. Juli 1974 in Neuperlach bei München

☐ Viele seiner Bücher wurden verfilmt, er war selbst Drehbuchautor.

☐ studierte ab 1919 Geschichte, Germanistik, Theaterwissenschaft und Philosophie

☐ schrieb seit 1920 Zeitungsartikel und Gedichte

☐ Tanta Martha war seine Lieblingstante.

3 Wähle drei wichtige Informationen über **Kindheit und Jugend** und drei wichtige Informationen über **Beruf und Tätigkeiten** von Kästner aus. Ergänze.

Kindheit und Jugend	Beruf/Tätigkeiten
1 _____	1 _____
2 _____	2 _____
3 _____	3 _____

Autorenporträt

Mein Lieblingsautor / Meine Lieblingsautorin

Ein Foto von ihm / von ihr:

Ein wichtiger Satz von ihm / von ihr:

_____

_____

_____

_____

_____

Drei wichtige Informationen zum Lebensweg:

1. _____

_____

2. _____

_____

3. _____

_____

Drei bedeutende Werke:

1. _____

_____

2. _____

_____

3. _____

_____

Mein Lieblingsbuch von:

1   Sammle und ordne Informationen zu deinem Lieblingsautor /
deiner Lieblingsautorin.

Übers Lesen nachgedacht

1 Welches deiner Lieblingsbücher würdest du gern verfilmen? Begründe.

Ich würde _____

_____ .

2 In welchem Buch würdest du gern die Hauptfigur sein? Warum?

Ich würde gern _____

_____ .

3 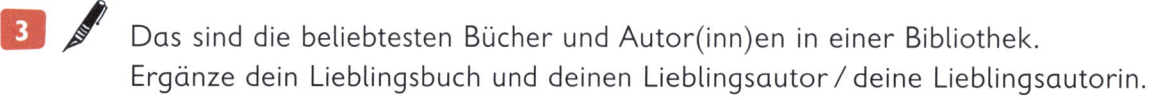 Das sind die beliebtesten Bücher und Autor(inn)en in einer Bibliothek.
Ergänze dein Lieblingsbuch und deinen Lieblingsautor / deine Lieblingsautorin.

Die beliebtesten Bücher	Meine Favoriten	Die beliebtesten Autor(inn)en	Meine Favoriten
Harry-Potter-Bände		Cornelia Funke	
Tintenwelt-Trilogie		R. L. Stine	
Die Wilden Fußballkerle		Joanne K. Rowling	
Die Wilden Hühner-Bände		Otfried Preußler	
Die drei ???-Bände		Thomas Brezina	
Lola-Bände		Astrid Lindgren	
Eragon-Saga		Isabel Abedi	
Emily-Bände		Paul Maar	
Sams-Geschichten		Enid Blyton	
Drachenreiter		Christopher Paolini	
Mein Favorit: _____	☆	Mein Favorit / meine Favoritin: _____	☆

4 Wähle deine drei Favoriten. Vergib jeweils ein Sternchen.

5 Wie würdest du deinen Freund oder deine Freundin zum Lesen „verführen"?
Notiere deinen Geheimtipp.

_____

_____

Die drei ??? – Stadt der Vampire

*Die drei berühmten Detektive Peter, Justus und Bob aus der
Reihe „Die drei ???" haben noch nie an Vampire geglaubt. In ihrem
neuen Fall versetzt jedoch eine riesengroße Fledermaus die Kleinstadt
Yonderwood in Angst und Schrecken. Es scheint so, als müssten die drei ihre Meinung ändern …*

Irgendetwas sehr Eigenartiges ging vor sich in Yonderwood. „Und … was sind das nun für Anzeichen?", fragte Bob nach einer Weile vorsichtig. „Es begann, wie gesagt, vor etwa acht Wochen. Zuerst hat es den alten Black erwischt, unseren Bürgermeister. Er wachte eines Morgens auf und fand sein Kopfkissen voller Blut. Zuerst dachte er, er hätte sich im Schlaf irgendwo gestoßen. Aber als ihn Dr. Pleasance untersuchte, konnte er zunächst keine Wunde entdecken, die der Grund für das viele Blut hätte sein können. Aber dann fand er zwei dicht nebeneinanderliegende Einstiche", Josy stockte kurz, „am Hals."
„Die Bisswunde!" Peter sah Josy entsetzt an. „Die typische Bisswunde eines Vampirs! Die beißen immer in den Hals! Dahin, wo die Schlagader ist, weil sie da am leichtesten an das Blut herankommen!" „Peter!" Justus schüttelte ungehalten den Kopf. „Was?", blaffte der zweite Detektiv. „Es gibt keine Vampire! Hörst du? Keine Vampire, alles klar?" Und zu Josy gewandt sagte Justus in gespielter Bekümmertheit: „Unser Peter lässt manchmal die nötige Kritikfähigkeit vermissen, musst du wissen. Vor allem, wenn es um die Existenz von Geistern, Zombies, Vampiren und die tausend anderen Spukgestalten geht, die seine lebhafte Phantasie bevölkern."
„Ich bin sehr wohl kritikfähig!", empörte sich Peter. „Aber wenn etwas, das es angeblich nicht gibt, anfängt zu beißen, dann hört bei mir der Spaß auf!"
Josy sprach einfach weiter: „Wir alle im Dorf rätselten zunächst herum, was der Grund für diese ungewöhnliche Verletzung von Jonathan Black hätte sein können. Manche meinten, ihn hätten Riesenmücken erwischt, andere vermuteten, dass der Alte nachts ein Haarnetz trüge und sich ein paar Haarklammern in seinen Hals gebohrt haben. Aber schon ein paar Tage später ereignete sich etwas, was die dummen Witze schlagartig verstummen ließ." „Was? Was war es?", drängte Bob atemlos.

Marco Sonnleitner

1 ✎ Wie findest du diesen Textauszug? Kreuze an.

☐ spannend   ☐ abenteuerlich   ☐ gruselig   ☐ unangenehm

2 Würdest du weitere Kapitel dieses Buches lesen wollen? Begründe.

Ja, weil _____.

Nein, weil _____.

3 ✎ Aus welchem Bücherregal würdest du dir ein Buch zum Lesen aussuchen?
Rahme farbig ein.

Abenteuerliches   Gruseliges   Science-Fiction   Witziges

Im Sommer

Durch den Sommer fahren

Im Buch „Reise nach Sundevit" will Addi mit einigen Kindern nach Kap Sundevit. Unterwegs treffen sie Timm, den sie einladen mitzukommen. Timms Eltern haben nichts dagegen. Timm muss nur noch schnell im Nachbarort etwas erledigen.

Timm fuhr schnell und ohne Atempause. Der Weg durch die Hügel war glatt, ein helles, schwingendes Band, auf und ab und auf und ab. Dann begann das flache Land, überflutet von Sonne, lang hingestreckt unter dem hohen Himmel. Weit in den Wiesen standen weidende Rinder.

Niemals zuvor war Timm diesen Weg mit größerer Freude gefahren. Er drückte den Oberkörper in die Höhe, spreizte die Beine und schrie: „Kap Sundevit, Kap Sundevit!"

Der Weg wurde steinig, Schotterspitzen drohten. Der Weg wurde sandig, und saugende Kuhlen hielten das Fahrrad fest. Timm aber fuhr und fuhr.

In der Ferne wuchs dünn und spitz der Kirchturm von Trempin. Manchmal im Herbst und manchmal im Frühjahr hatte Timm vor Zorn hier geweint. Wenn der Westwind ihn vom Fahrrad riss, der Regen schlug und die Wolken wie schwarze Ungeheuer jagten, dann geschah es, dass Timm seinen Zorn hinausschrie und weinte.

Heute war Timm der glücklichste Mensch der Welt. Die Luft war sommerlich und leicht, erfüllt vom warmen Duft des reifen Korns. Rundköpfig grüßte das Holperpflaster. Timm nahm es freundlich hin, ohne Ärger, wenn sein Fahrrad plötzlich wie ein kleiner Esel sprang. Auf dem letzten Wegstück begegnete ihm ein Traktor. Im Fahrerhaus hüpfte der Traktorist, und hinten auf dem Hänger hüpften die bunten Kopftücher vieler Frauen.

Ein paar Kinder winkten.

„He, Timm; wo wull du henn?"

„Heute Mittag geht's ab nach Sundevit!"

„Sundevit? Kap Sundevit?"

„Jawollja", schrie Timm, „ich geh auf Fahrt!"

„Op Fohrt, op Fohrt? Na denn: goode Fohrt!"

Benno Pludra

1 Timm ist glücklich, dass er mit Hermann und den anderen Kindern auf Wanderung gehen darf. Markiere Textstellen, die das zeigen.

2 Die Leute, denen Timm begegnet, sprechen Plattdeutsch. Unterstreiche alle plattdeutschen Sätze.

3 Übersetze.

| He, Timm; wo wull du henn? | |
| Op Fohrt, op Fohrt? Na denn: goode Fohrt! | |

Tag und Nacht

„Tag" ist die Zeit, in der die Sonne auf
den Teil der Erde scheint, auf dem wir uns
gerade befinden. Wenn es bei uns Tag ist,
ist es auf der anderen Seite der Erdkugel
Nacht. Die Sonne kann immer nur eine
Seite der Erdkugel beleuchten. Weil sich die Erde um sich selbst dreht, wechseln sich an
allen Orten Tag und Nacht ab. Für eine ganze Drehung braucht unsere Erde 24 Stunden.

Nun dreht sich die Erde nicht nur um sich selbst. Sie kreist auch um die Sonne. Für einen
Umlauf braucht sie ziemlich genau ein Jahr. Weil die Erdachse leicht geneigt ist, wendet
sich die Nordhälfte der Erdkugel ein halbes Jahr lang stärker der Sonne zu. Dann ist bei
uns Sommer. Im Winterhalbjahr kriegen wir weniger Sonne ab. Deshalb ist es auch kälter.

Auf der Südhälfte der Erde, zum Beispiel in Australien, Südamerika und Südafrika, ist es
genau umgekehrt. Deshalb feiern australische Kinder Weihnachten im australischen
Sommer, in der hellsten und heißesten Zeit des Jahres.

1   Australier feiern in der heißesten Zeit des Jahres ein besonderes Fest.
Unterstreiche die wichtigen Wörter in der Aussage.

2   Erstelle Cluster zu den Wörtern.

heißeste Zeit
des Jahres

3   Finde die Wörter im Text. Lies genau und prüfe, ob die Textstelle
zu der Aussage passt.

4   Richtig oder falsch? Suche im Text.

	richtig	falsch
Die Sonne dreht sich um die Erde.		
Die Erde braucht 365 Tage, um sich um sich selbst zu drehen.		
Im Südafrika feiern die Kinder im Sommer Weihnachten.		

Nächtliche Wanderungen

Hast du schon einmal eine Nachtwanderung gemacht? Die beste Zeit dafür ist in den Sommerferien, wenn es abends so warm ist, dass du dich gut im Freien aufhalten kannst. Am Nachthimmel gibt es viel zu entdecken: Sterne und Sternbilder, manchmal auch Sternschnuppen oder ein Flugzeug auf Nachtflug und natürlich den Mond.

5 Wenn du Glück hast, kannst du sogar Tiere beobachten, die erst in der Dämmerung aus ihren Verstecken kommen, um nach Nahrung zu suchen. Die Tiere, die nachts unterwegs sind, sind mit ihren Sinnesorganen gut an die Dunkelheit angepasst: Fledermäuse haben zum Beispiel ein ausgezeichnetes Gehör. Eulen haben besonders große Augen. Katzen können mit ihren Schnurrhaaren fühlen. Und Igel haben besonders feine Nasen.

10 Wenn man nachts draußen ist, kann man viele geheimnisvolle Geräusche hören. Aber sie kommen meist von den Nachttieren und vor denen muss man sich nicht fürchten. Auch wenn du keine Angst hast, solltest du eine Nachtwanderung nicht alleine machen und auf jeden Fall deinen Eltern Bescheid sagen. Dann brauchst du nur noch eine Taschenlampe, eine warme Jacke und für unterwegs etwas zum Knabbern. Vielleicht auch noch ein Fern-

15 glas, um dem Mond und den Sternen näher zu sein.

1 In der Nacht kann man viel entdecken.
Finde mindestens zwei passende Textstellen zu der Aussage. Markiere sie im Text.

2 Die Nachttiere haben sich sehr gut an die Dunkelheit angepasst.
Finde die passende Textstelle, die das belegt.

Zeile _____ bis Zeile _____

3 Was solltest du bei einer Nachtwanderung unbedingt mitnehmen?
Nenne zwei Dinge.

_____

_____

Lösungen von den Magazinseiten im Lesebuch

Hier kannst du Lösungen zu manchen Rätseln
der Magazinseiten im Lesebuch notieren.
Achte auf dieses Zeichen.

zu Seite 16: Wer begegnet sich alles auf dem Schulflur?

der E_____

der H_____

der M_____

die Sch_____

zu Seite 33: Herbstentdeckungen

das Rpflph = _____

die Schoröh = _____

die Laxix = _____

die Halala = _____

zu Seite 44: Sprichwortpuzzle

W____ m____ i__ T_____ g_____,

i__ s_____ a_____ z_____!

zu Seite 61: Kannst du die Geheimnachricht der Krokodiler entschlüsseln?

He__te t__iff__ s__ch die gan__e Ba__d__

um 15 Uh__ in der __lten Zie__elei.

Wir m__ssen un__eding__ mehr üb__r

die M__pedf__hrer he__aus__rie__en.

K__r__ gla__bt, dass sie d__e E__nbrec__er sind.

zu Seite 79: Was sind Eisberge?

EISBERGE _____

_____

zu Seite 92: Sechsmal Wal-Wörter?

WAL_____

_____

_____

_____

_____

_____

zu Seite 107: Sächsische Wörter

Laadschen = _____

Mudschegiebschn = _____

Rämmfdl = _____

Bemme = _____

Fliescher = _____

Rennsämmeln = _____

Griebsch = _____

zu Seite 119: Merkwürdige Tiere

das D_____

das St_____

das G_____

die G_____

zu Seite 132: Diese vier Insekten findest du im und um den Frühlingsteich herum:

die St_____

der Sch_____

die L_____

der W_____

zu Seite 149: Wie heißen die Planeten richtig?

J_____ M_____

S_____ E_____

U_____

zu Seite 159: Medienberufe

N_____r_____t_____s_____c_____

zu Seite 177: Verschlüsselte Botschaft in Geheimsprache

LE**W**OP**I**NU**R** HEMALÜROS DESIKEPAN EL
HOKEMUR FARTIN AL GOMRINU WENLUDIR
ENDIWUS GUFAROKEL ZIGUSERIN.

WIR _____

_____

zu Seite 190: Beliebte Reiseziele

I_____

Sch_____

G_____

T_____

Lesefreunde 4

Arbeitsheft

Erarbeitet von
Marion Gutzmann, Irene Hoppe, Alexandra und
Michael Ritter

Unter Einbeziehung der Ausgabe von
Kerstin Granz, Marion Gutzmann, Irene Hoppe

Unter Beratung von
Simone Adler (Pirna), Dagmar Diewald (Altenburg),
Colette Hoffmann (Magdeburg), Katrin Junghänel
(Zwickau), Heike Keitel (Wittenberg), Sigrun Nowak
(Hohen-Neuendorf), Gerhild Schenk (Werneuchen)

Redaktion: Sabine Gerber
Bildredaktion (Fotos): Peter Hartmann
Illustrationen: Christa Unzner, Katharina Knebel
(S. 12, 18, 19, 20, 47),
Uta Bettzieche (Detektiv und Hund),
Originalillustrationen (s. Bildquellen)
Umschlaggestaltung: tritopp, Berlin
Layout und technische Umsetzung: tritopp, Berlin

www.cornelsen.de

Die Webseiten Dritter, deren Internetadressen in diesem Lehrwerk
angegeben sind, wurden vor Drucklegung sorgfältig geprüft.
Der Verlag übernimmt keine Gewähr für die Aktualität und den
Inhalt dieser Seiten oder solcher, die mit ihnen verlinkt sind.

1. Auflage, 7. Druck 2021

Alle Drucke dieser Auflage sind inhaltlich unverändert und
können im Unterricht nebeneinander verwendet werden.

© 2011 Cornelsen Verlag/Volk und Wissen Verlag, Berlin
© 2017 Cornelsen Verlag GmbH, Berlin

Druck: Athesiadruck GmbH

ISBN 978-3-06-081156-4

PEFC zertifiziert
Dieses Produkt stammt aus nachhaltig
bewirtschafteten Wäldern und kontrollierten
Quellen.
PEFC
www.pefc.de
PEFC/18-31-166

Verfasser- und Quellenverzeichnis

S. 4 **Beckmann, Katharina**: Kirby – Irgendwo im Nirgendwo. Aus: Geolino 4/2009)

S. 5 **Kästner, Erich**: Pünktchen auf dem Weg zu Herrn Bremser (Ausschnitt, Titel geringfügig verändert). Aus: Pünktchen und Anton. © Atrium Verlag Zürich 1935, Cecilie Dressler Verlag, Hamburg

S. 6/7 **Moser, Erwin**: Das Lindenblatt und die Laus (gekürzt). Aus: Das große Fabulierbuch. Beltz Verlag, Weinheim und Basel 1995

S. 9 **Schnippenkoetter, Beatrix**: Zweimal fünf Fragen an … (Überschrift hinzugefügt). Aus: Ich wäre gern ein Huhn. Was Kinder aus aller Welt erleben und sich erträumen. Campus Verlag, Frankfurt am Main 2006

S. 10 **Ende, Michael**: Böse Wünsche (Titel geändert, Ausschnitt). Aus: Der satanoarchäolügenialkohöllische Wunschpunsch. Thienemann Verlag, Stuttgart 1989

S. 11 **Tolstoj, Leo N.**: Das Hemd des Glücklichen (gekürzt). Aus: Elke Frommelt: Glücksbringer. arsEdition, München 1998

S. 13 **Krylow, Iwan**: Der alte Löwe. Aus: René Rilz (Hrsg.): Mein erstes Fabelbuch. © 1980 Stalling Verlag GmbH Oldenburg-Hamburg-München, Berlin, DDR 1984

S. 14 **Nöstlinger, Christine**: Susis geheimes Tagebuch / Pauls geheimes Tagebuch (Überschrift hinzugefügt). Aus: Susis (Pauls) geheimes Tagebuch. Deutscher Taschenbuchverlag, Frankfurt am Main 1993

S. 16 **Rilke, Rainer Maria**: Advent. Aus: Rilke-Archiv in Verbindung mit Ruth Sieber-Rilke (Hrsg.): Sämtliche Werke, Band I, Insel-Verlag, Frankfurt am Main 1955

S. 18/19 **Klein, Martin**: Alle Jahre Widder (Ausschnitt, gekürzt). Carlsen Verlag, Hamburg, 2. Auflage 2006

S. 20 Der Fischer und der Wal. Aus: Eskimomärchen. © ARTIA Verlag, Praha 1984

S. 22 Rettet die Wale. Aus: http://www.greenpeace4kids.de/themen/meere_wale/nachrichten (17.12.2010)

S. 23 Stopp den Walfang. Aus: http://www.wdcs.org/wdcskids/de/whaling.php (17.12.2010)

S. 26 Der Untergang von Vineta. Aus: Nachtigall, Walter; Werner, Dietmar (Hrsg.): Der schweigsame Fischer (und andere Volkssagen um Stände und Berufe) aus dem Mecklenburgischen. Verlag Die Wirtschaft, Berlin 1989 So is Vineta unnergahn. Ins Plattdeutsche übersetzt von Hermann Harras. Dömnitz Verlag

S. 28/29 http://www.labbe.de/lesekorb/index.asp?themaid=97&titelid=869 Diese Geschichte von TILL EULENSPIEGEL (erschienen 1510) wurde von Martina Meier für den Lesekorb nacherzählt. Die Bildcollagen wurden nach Illustrationen von H. Stache, R. Hansche und R. Trache hergestellt. (17.12.2010)

S. 30/31 **Ramos, Mario**: Ich bin der Stärkste im ganzen Land. Moritz Verlag, Frankfurt am Main 2003

S. 32 Die beiden Frösche. Aus: Mit Märchen, Sagen & Fabeln lesen lernen. Übersetzer: Rüdiger Kohl. Kohl Verlag, Kerpen-Buir 2005

S. 34 Text über Frösche aus: http://www.kindernetz.de/oli/tierlexikon/frosch/-/id=75000/nid=75000/did=81118/gx8yd2/index.html (17.12.2010) **Bahmer, Hans**: Die Krötenhaut – eine Verteidigungsanlage (Text gekürzt). Aus: Da beißt die Maus kein Faden ab. Edition quinto, Möllers & Bellinghausen, Terzio Verlag, München 2007

S. 35 Der Zitronenfalter – Falter mit Frostschutz. Aus: Naturtagebuch, Manfred Mistkäfer Magazin, März 2003

S. 36/37 **Herzog, Annette; Clante, Katrine**: Flieger am Himmel (Auszug, gekürzt, geringfügig geändert). Hammer Verlag, Wuppertal 2009

S. 40 Galaxo. Aus: http://www.mz-web.de/extern/downloads/galaxo_2010-11-26.pdf (22.12.2010)

S. 47 **Sonnleitner, Marco**: die drei ??? – Stadt der Vampire (Ausschnitt, gekürzt). Kosmos, Stuttgart 2008

S. 48 Durch den Sommer fahren (Überschrift hinzugefügt, Ausschnitt, gekürzt). Aus: Pludra, Benno: Die Reise nach Sundevit. Der Kinderbuchverlag, Berlin, 2. veränderte Auflage 2009

S. 50 **Naroska, Frederike**: Nacht (Auszug, gekürzt, geringfügig ergänzt). Aus: Mein Sommerbuch. © Verlag Herder, Freiburg im Breisgau 1992

Bildquellen

S. 21 Orcagruppe/Flossen: picture-alliance/All Canada Photos/Ralf Hicker Orca springend: picture-alliance/NHRA/photoshot/Gerard Lacz Orca unter Wasser: picture-Alliance/dpa

S. 24 Türme: Cornelsen Verlagsarchiv

S. 25 Skyline von Frankfurt am Main: Cornelsen Verlagsarchiv

S. 33 Hummel: ALIMDI.NET/Schauhuber Maikäfer: Blickwinkel/fotototo

S. 34 Laubfrosch: Ester Inbar

S. 35 Falter: Blickwinkel/Stahlbauer

S. 36 Schaubild: Cornelsen Verlagsarchiv Jähn: DLR/Pressefoto Morgenröthe-Rautenkranz Armstrong stehend: picture-alliance/dpaweb/NASA_vbia_cnp GPS Satellite NASA: NASA/JPL/Gov. ISS-Station: NASA/JPL/Gov.

S. 37 Katrine Clante aus: Herzog, Annette; Clante, Katrine: Flieger am Himmel. Hammer Verlag, Wuppertal 2009

S. 42 Bibliotheksschild: Mirjam Löwen

S. 44 Erich Kästner: picture-alliance/dpa-Bildarchiv

S. 48 Hans Baltzer aus: Pludra, Benno: Die Reise nach Sundevit. Der Kinderbuchverlag, Berlin, 2. veränderte Auflage 2009

Selbstkontrolle: Alles richtig?

Seiten 2/3

1 am Sonntag

2 Piraten-Kochkurs (3 h)

3 eine

4 Klaus-Störtebeker-Geschichten, erzählt von Kapitän Larsson

5 Deichkronen-Tour mit dem Fahrrad

6 a) stimmt nicht
b) stimmt
c) stimmt nicht
d) stimmt nicht
e) stimmt
f) stimmt

Seite 4

1 · Alter: 9
· Heimatland: Australien, Region: Outbacks
· Besonderheiten der Region: rötliche, von der Sonne hart gebackene Erde, dürres Gestrüpp, wenige Häuser
· Dauer des Schulwegs: 10 Sekunden
· Lernort: Arbeitszimmer
· wichtigstes Gerät zum Lernen: Computer
· Größe der Schulklasse: 5 Kinder
· Kontaktmöglichkeiten der Schüler untereinander: Internet, Telefon

Seiten 14/15

4 1936
Wien
Jugendliteraturpreis

Seiten 18/19

1 Siggi, Widur

Seite 20

2 Abschnitt 3

Seite 21

1 ☒ Ich möchte einen Steckbrief über Wale erstellen.
☒ Ich finde im Text Angaben zum Aussehen und zur Nahrung.

3 Reihenfolge von oben nach unten: Atmung, Walarten, Größe/Gewicht, Nahrung

4 2

Seiten 24/25

1 höchsten

2 Höhe in Meter

3

Aussagen	ja	nein
Der Turm des Kölner Doms ist das niedrigste Gebäude in Deutschland.	☒	
Der Commerzbank Tower ist größer als der Post Tower.	☒	
Der Olympiaturm ist in Bonn.		☒

4 Berlin
Köln

5 einige der höchsten
Säulendiagramm
in welcher Stadt
Frankfurt am Main

Seiten 26/27

3 Text 1: Zeile 7
Text 2: Zeile 8

5

Plattdeutsch	Deutsch
gröttste	größte
wieren	waren
Pierd	Pferde
Kirchenglocken	Glocken

Seiten 30/31

1 Szene

Seiten 33/34

1 Wespe, Ameise, Libelle, Heuschrecke, Ohrwurm, Zitronenfalter, Feuerwanze

3 Reihenfolge der Zeilen von oben nach unten:
(Raupen) 1, 5, 2, 3, 4, 6
(Falter) 1, 3, 4, 2, 5, 6
(Puppe) 1, 2, 4, 5, 3, 6

4 In den Tropen gibt es auch kunterbunte Frösche.

5 Reihenfolge der Textabschnitte von oben nach unten: 1, 5, 3, 2, 4

Seite 39

3 **Armstrong, Neil:** amerikanischer Testpilot und Astronaut, *1930 bei Wapakoneta, Ohio, USA, er betrat als erster Mensch den Mond.

Komet: auch Schweifstern genannt, kleiner Himmelskörper, sein auffälligstes Merkmal ist der durch Abgase erzeugte Schweif, der von der Erde aus sichtbar ist.

Raumstation: ein Raumflugkörper, der sich in der Umlaufbahn eines Himmelskörpers befindet, Menschen können dort längere Zeit leben.

Seite 43

1

4	Katalog
3	Lesesaal
1	Fernleihe
5	Recherche
2	Signatur
6	Präsenzbibliothek

Seite 48

3

Plattdeutsch	Deutsch
He, Timm; wo wull du henn?	He, Timm; wo willst du hin?
Op Fohrt, op Fohrt? Na denn: goode Fohrt!	Auf Fahrt, auf Fahrt? Na dann: gute Fahrt!

Seite 49

4

	richtig	falsch
Die Sonne dreht sich um die Erde.		✗
Die Erde braucht 365 Tage um sich um sich selbst zu drehen.		✗
Im Südafrika feiern die Kinder im Sommer Weihnachten.	✗	

Seite 50

2 Zeile 6 bis Zeile 9